·政党外交与全球治理丛书·

# 非传统安全视域下都市“智慧反恐”体系构建研究

## 欧洲经验的启发

柳思思 · 著

时事出版社
北京

**图书在版编目（CIP）数据**

非传统安全视域下都市“智慧反恐”体系构建研究：欧洲经验的启发/柳思思著.—北京：时事出版社，2021.10
ISBN 978-7-5195-0453-3

Ⅰ.①非… Ⅱ.①柳… Ⅲ.①城市—反恐怖活动—研究—欧洲 Ⅳ.①D815.5

中国版本图书馆 CIP 数据核字（2021）第 199163 号

出版发行：时事出版社
地　　址：北京市海淀区彰化路 138 号西荣阁 B 座 G2 层
邮　　编：100097
发行热线：（010）88869831　88869832
传　　真：（010）88869875
电子邮箱：shishichubanshe@sina.com
网　　址：www.shishishe.com
印　　刷：北京良义印刷科技有限公司

开本：787×1092　1/16　印张：13.5　字数：180 千字
2021 年 10 月第 1 版　2021 年 10 月第 1 次印刷
定价：90.00 元
（如有印装质量问题，请与本社发行部联系调换）

本书受到北京市市属高校青年拔尖人才项目
（项目编号：CIT&TCD201804063）的资助

# 前　言

恐怖主义组织连续攻击巴黎、柏林、伦敦等城市，利用互联网兴风作浪对政府部门和防恐怖主义与反恐怖主义机构提出新考验，对大国都市造成新威胁。结合防恐怖主义与反恐怖主义的现实需要，非传统安全视域下的都市“智慧反恐”体系需采取协同式建构的路径。人工智能时代都市“智慧反恐”体系的实践途径多种多样。设立基于人工智能的都市防恐怖主义与反恐怖主义数据分析处理平台，加强都市智能防恐怖主义与反恐怖主义演习，并联合研发应用反恐机器人、无人机、巡逻车、人脸识别系统、有毒有害液体气体检测仪、公交报警系统、锂电池一体化预警灭火装置、手持式拉曼光谱仪等。

基于人工智能的具体应用，都市“智慧反恐”体系至少包括5个层面：智能数据采集协同、智能识别监督协同、智能应急指挥协同、智能模拟应用协同、智能信息整合。通过对欧洲城市反恐的经验解读与案例研究，笔者发现都市“智慧反恐”体系具备多层面网络、多维度关系、超网络拓扑、非线性、时空演化性等特点，需要进行熵控并警惕外部涨落造成的影响，发挥超网络序参量对体系的积极作用，促进防恐怖主义与反恐怖主义体系的完善发展。此外，都市“智慧反恐”体系的新媒体宣传十分重要，政府、防恐怖主义与反恐怖主义机构应建立“智慧反恐的两微一端一抖”并进行联动。

本书的研究目标主要包括以下三个方面：第一，分析非传统安全研究视域下都市“智慧反恐”体系构建的路径。第二，解读恐怖主义组织攻击欧洲各国首都与网络动员的新策略与新变化。第三，总结经验，为都市“智慧反恐”体系运作与推广出谋划策。维护都市的平安与稳定至关重要，近年来恐怖主义组织攻击大国首都的趋势引人关注。一方面，恐怖主义组织利用社交媒体进行招募与指挥，其灵活性与隐匿性增强，加大了政府与反恐机构对其防范和打击的难度；另一方面，恐怖主义组织连续攻击巴黎、柏林、伦敦等地，致使欧洲各国首都政府部门负责人开始思考如何使用人工智能技术进行反恐防恐。鉴此，分析人工智能时代首都“智慧反恐”体系的构建路径，则成为笔者研究的重点。

本书的研究要点，包括非传统安全研究视域下的都市“智慧反恐”体系的协同式构建、超网络拓扑、熵控与涨落、“两微一端一抖”几个方面。笔者在研究过程中，拟使用科学的研究步骤与研究方法来确保研究方案的进展，并将结合不同领域的研究主题，开展具体议题领域内的深入研究。

第一章是非传统安全视域下都市“智慧反恐”体系构建的研究设计，包括四个层面：一是研究动态、学理意义、应用价值；二是研究对象、重点难点、研究框架；三是研究思路、研究方法、研究计划；四是研究特色、社会效益、预期效果。

第二章是恐怖主义组织攻击欧洲大国城市与网络动员的手段呈现高科技化特征，具体表现在以下五个方面：一是雇佣黑客对政府门户网站与主流媒体账号进行攻击；二是借助普及化的社交工具谋求公众认同；三是发行多语种电子刊物跨国招募青年；四是通过线上平台或软件募集大量资金；五是建立动员、募资、指挥、后勤为一体的恐怖主义组织网络系统与情感效忠机制。

第三章是非传统安全视域下欧洲反恐怖主义中心的系统构建，包括如下四个部分：一是非传统安全视域下欧洲城市智慧反恐的背景；二是欧洲反恐怖主义中心的成立与信息整合宣传；三是欧洲反恐怖主义中心的智能数据采集与识别；四是欧洲反恐怖主义中心的智能决策与模拟应用。

第四章是非传统安全视域下都市"智慧反恐"的超网络系统。第一，都市"智慧反恐"超网络系统的欧洲经验。通过对欧洲反恐怖主义中心的文献解读与数据分析，笔者认为，"智慧反恐"系统具备超网络的多层面网络、多维度关系、网络拓扑功能结构、非线性作用、动态演化性。"智慧反恐"体系是包括 n 维领域的整合系统，首先是战略维度，其次是机制维度，最后是应用维度。第二，都市"智慧反恐"超网络系统的中国建议。中国都市"智慧反恐"体系的多层面网络应包括都市警媒合作宣传、都市警务资源建设、都市公安行政服务、都市通道查控、都市治安防控网络、都市情报信息系统、都市反恐联勤指挥体系等。

第五章是非传统安全视域下都市"智慧反恐"的熵控与涨落。一是发挥中央政府、地方政府、民众、企业、科研机构等超网络序参量对都市"智慧反恐"体系的作用。二是进行熵控，保障都市"智慧反恐"体系的稳定环境。（1）从内部角度来降低都市"智慧反恐"体系的 diS；（2）从外部引入负数的 deS；（3）导出都市"智慧反恐"体系的 diS。三是建立多层级、多领域、多方式的都市"智慧反恐"协调机制，利用体系内部有效性机制消减外部力量的影响，把机制组织作为进行沟通与凝聚共识的平台。

第六章是非传统安全视域下中国城市"智慧反恐"体系的协同式构建。一是非传统安全视域下"智慧反恐"协同式构建的内涵。“智慧反恐”体系以“协同式构建”为原则，符合都市防恐反恐的现实需要，同时有助于在“稳健务实、合作共赢”的理念指引下，构建“命运共同体”。二是非传统安全视域下“智慧反恐”协同式构建的政策。明确都市构建“智慧反恐”体系的身份定位、目标设置、原则底线、理念秉持。在此以这四个问题为导向，阐述都市协同式构建“智慧反恐”体系政策的基本架构。三是非传统安全视域下“智慧反恐”协同式构建的路径。从理念对接、议题设置、标准推广三个维度出发，探讨都市协同式构建“智慧反恐”体系的路径。

第七章是非传统安全视域下中国都市“智慧反恐”的“两微一端一抖”。一是非传统安全视域下都市“智慧反恐”体系的警媒合作。二是非传统安全视域下都市“智慧反恐”体系的议程设置。三是非传统安全视域下都市“智慧反恐”体系的数据分析。笔者为人工智能时代都市“智慧反恐”体系的“两微一端一抖”出谋划策：一是通过标题效应，充分发挥都市警务新媒体对舆论的导向作用；二是进行都市“智慧反恐”专题策划，将反映同类型的多篇资料归集到同一专题下；三是除了使用文字、图片外，还应采用视频、音频、动画等多媒体素材；四是制订详实的都市“智慧反恐”新媒体推广计划；五是借助网络流行词、新闻热词、热点推荐等形式，形成都市“智慧反恐”的标签议题；六是都市警务新媒体对“智慧反恐”的重大议题采取连续播报的形式，注重调动网友参与的积极性。

# 目 录
# Contents

# 第一章　非传统安全视域下都市“智慧反恐”体系构建的研究设计

## 第一节　研究动态、学理意义、应用价值

在这一节，首先梳理了非传统安全视域下恐怖主义的理论解读，介绍了防恐怖主义、反恐怖主义研究的国内外动态；其次，分析了非传统安全视域下都市“智慧反恐”体系构建的学理意义；最后，解读了非传统安全视域下都市“智慧反恐”体系构建研究的应用价值。

### 一、国内外研究动态与述评

#### （一）国外研究

国外研究有四类：第一类是非传统安全视域下对恐怖主义的理论解读。

一是“文明冲突论”与恐怖主义的滋生。按照“文明冲突论”

的解释，恐怖主义产生是文明冲突的外在表现，也是爆发冲突中最常采用的形式，塞缪尔·亨廷顿（Samuel Huntington）特别强调文明对社会发展和国际关系的影响，“文明冲突论”以文明划线，强调文化差异是影响国际冲突的根源。当代世界主要分为八大文明：西方文明、伊斯兰文明、中国文明、日本文明、东正教文明、印度文明、拉丁美洲文明及非洲文明，这八大文明之间的差异构成了世界的冲突，文明间的断层将是国际冲突的爆发点。① 他否认有普世文明的存在，不赞同文明趋同，认为文明之间的差异和冲突更具持久性，“冷战结束之后，人民之间最重要的区别不是意识形态的、政治的或经济的，而是文明的区别”。② 亨廷顿认为文明间的冲突会在以下两个层面上集中爆发：拥有不同文明的邻国之间或秉持不同文明的国内集团之间；具有不同文明的核心国家之间。③ 他重点分析了伊斯兰文明与西方文明之间的冲突。

但以文明冲突论来解释恐怖主义的产生却存在如下不足之处；因为文明本身是动态演化的，没有完全固化不变的文明，文明固然千差万别，但为什么文明差异的结果一定是导致冲突，而不是取长补短，相互融合？④ 国际社会必须更多地尝试进行文明合作与沟通，而不是简单的对抗，在世界历史进程中，文明之间的和平相处、相

① ［美］塞缪尔·亨廷顿著，周琪等译：《文明的冲突与世界秩序的重建》，新华出版社 1998 年版，第 6 页。

② ［美］塞缪尔·亨廷顿著，周琪等译：《文明的冲突与世界秩序的重建》，新华出版社 1998 年版，第 6 页。

③ 范明强：《恐怖主义的社会学诠释》，《中国石油大学学报（社会科学版）》，2006 年第 6 期，第 34 页。

④ ［德］哈拉尔德·米勒著，郦红等译：《文明的共存——对亨廷顿“文明冲突论”的批判》，新华出版社 2002 年版，第 7 页。

互影响、交融互动仍是主流，在世界近现代史上如拿破仑·波拿巴（Napoléon Bonaparte）把法国大革命的革命精神带到了埃及，土耳其加入北约并接受西方文明等案例不胜枚举，因此，不论是伊斯兰文明还是西方文明，都时刻处于演化发展之中，不同的文明之间既可能爆发对抗与冲突，也可能展开交流与合作，既然这两类文明之间不是必然爆发冲突，那恐怖主义也就不是文明冲突的外在表现。

二是“越轨理论”与恐怖主义的滋生。“越轨理论”的主要代表人物是美国的功能主义理论大师罗伯特·默顿（Robert Merton）和芝加哥学派的爱德文·苏泽兰德（Edwin Sutherland），它是试图从社会学视角解释社会“越轨”行为产生的理论。该理论指出：任何一个社会都会设置自己推崇的目标，一般意义上来说，这个目标本身带有积极向上的性质，社会成员通过社会化过程接受这一目标，人人都为达到这一目标而努力，社会也为实现这一目标提供了种种资源与条件，但由于社会不公平的存在，某些行为体长期垄断这些资源，而另一些行为体却长期难以获得这些资源，那么后者就有可能通过包括暴力在内的其他手段来实现自己的目标，这就导致了越轨行为，造成了社会的不稳定。① 举例来说，假定社会设置的目标是“成功人士”，社会也提供了达到“成功人士”的种种资源与条件，但如果这些资源与条件长期被某些特权人士垄断，而另一些人则始终无法接近这些资源与条件，又无比向往“成功人士”这一目标，那么后者就有可能会采取欺骗与非法敛财等种种非法的手段。

① 宋林飞：《西方社会学理论》，南京大学出版社 1997 年版，第 125—126 页。

“越轨理论”是从社会学的视角来解释“恐怖主义”，它带给我们的启发是：是否可以将恐怖主义视为一种“越轨的行为”?[①] 政治目标是恐怖主义的诉求，或为了“民族平等”，或为了“宗教自由”，甚至为了“社会公平”等等，单看这些目标本身而言，含有积极合理的成分，应当通过正当的途径来达到这些政治目标，但在当今的国际社会中，这些恐怖主义分子不会也不可能获得正当的途径与法律的支持，他们只能为求目的不择手段，走上恐怖主义道路。

三是“制度缺陷论”与恐怖主义的滋生。澳大利亚学者伯顿（Burton）的著作《全球冲突》（Global Conflict）的核心观点就是：制度的缺陷将导致冲突。他认为，由于制度存在种种缺陷，以至于难以满足个人或社会群体的需要，因此恐怖主义滋生。他强调：“无论是国内的还是国际的异端与越轨行为都是问题的表象，它们的内在根源都是人类需要与机构、组织之间的缺陷。”[②] 因此，他得出结论：为了阻断恐怖主义活动，根本手段是改革制度与组织，而不是报复和惩罚，因为在恐怖分子背后存在一个情感共同体与支持集团，报复和惩罚只会加重恐怖分子的受挫感与报复欲，只有制度与组织的逐步完善才能从根本上杜绝恐怖主义的滋生与发展。[③]

以伯顿为代表的制度主义学者的基本观点就是将恐怖主义的滋

---

① 范明强：《恐怖主义的社会学诠释》，《中国石油大学学报（社会科学版）》，2006 年第 6 期，第 35 页。

② ［澳］约翰·伯顿著，马学印、谭朝洁译：《全球冲突——国际危机的国内根源》，中国人民公安出版社 1991 年版，第 38 页。

③ ［澳］约翰·伯顿著，马学印、谭朝洁译：《全球冲突——国际危机的国内根源》，中国人民公安出版社 1991 年版，第 39 页。

生与演化归咎于制度发展的不完善，从本质上来说，这与“民主制度和平论”异曲同工，但“制度缺陷论”明显不具有说服力：首先，它难以解释为何某些民主化或组织化程度较低的国家，较少受到恐怖主义的威胁；其次，它也无法说明西方传播民主化制度的过程为何会伴随着恐怖主义的愈演愈烈。以突尼斯、埃及与利比亚等国为例，与过往相比，现阶段不断实行民主制度的改革，而极端暴力事件也随之愈演愈烈，当年人民拥戴的民族英雄今天成为了人人唾骂的暴君与独裁者，社会陷入了动荡与内乱之中，极端暴力事件每天都在街头上演，人民的基本生活难以得到保障。

四是“全球化负面影响论”与恐怖主义的滋生。全球化导致了两种负面后果：一是全球化对一些国家的政治与社会体制发起了挑战；二是一些恐怖组织在全球化提供的更大空间中得以迅速发展。①全球化使得世界上任何一国，甚至是全球最发达的国家都更加容易遭受到恐怖主义组织发动的恐怖袭击。全球金融市场高速流通与虚拟网络银行的普及不但便利了政府与百姓，也便利了恐怖主义组织；高速流通的金融市场加大了国家控制金融管理权的难度。全球化与区域化的浪潮使得国家对恐怖主义越来越难以设防，极端民族主义与极端宗教意识更容易被激化，弱小民族与团体对强大的西方国家产生仇视与怨恨心理……所有这些变化使民族国家越来越容易遭到威胁与打击，国家与人民的安全问题日益引人担忧，恐怖主义也随之滋生。

客观而言，全球化确实为恐怖主义的滋生与迅猛发展提供了便利条件，全球化不仅使恐怖主义者更易获得先进的武器，也有

① 朱素梅：《恐怖主义：历史与现实》，世界知识出版社2005年版，第112页。

利于他们进行恐怖主义集团间的联合行动与信息共享。总而言之，全球化对于恐怖主义只是工具性的因素，全球化既有利于恐怖主义组织间的联合行动，同样也有利于全球反恐同盟的联合反恐。

五是“结构矛盾论”与恐怖主义的滋生。南北分裂不是一个新鲜的话题。世界总人口的大约3/4生活在发展中国家，但他们只拥有全世界1/7的财富。① 结构主义者认为：如果把世界经济看成一个整体，那么，它从一开始就建立在一个等级结构之上，这个结构以发达国家为核心，其他国家处于核心的外围和边缘，核心与其他地区的区别，大致相当于通常所说的北方世界和南方世界或西方国家与其他国家。南北之间的关系是不平等、不对称的相互依赖关系，北方的发达和富裕、南方的欠发达和贫穷长期共存，以至作为一个整体的世界经济从来都以南北分裂为基本特征。随着全球化的进程，南北差距越来越大，结构矛盾日趋严重，而缩小矛盾的前景更加渺茫，因此，南北分裂的进一步扩大导致了欠发达国家和地区的不满情绪与恐怖主义倾向。

结构矛盾对于恐怖主义规范的滋生确实提供了有利的条件，但这远达不到恐怖主义规范生成的充分且必要条件，这无法解释这样的现象：一方面，在面临同样的经济政治困境下，大部分欠发达国家、地区的民众仍然保持温和与积极的态度，诉诸恐怖主义行为的只是其中极少数的恐怖主义分子。另一方面，恐怖分子并不都是教育素质低、家境贫寒者，某些获得西方高等教育且家境殷实的穆斯林也投入到恐怖主义的阵营中。

① Francis Adams and Satya Dev Gupta, *The Political Economy of Globalization*, Boston: Kluwer Academic Publishers, 1997, p. 3.

六是“冲突必然论”与恐怖主义的滋生。“冲突理论”的代表人物是刘易斯·科塞（Coser Lewis）与德国的达伦多夫（Ralf G. Dahrendorf）。该理论的主要观点是：第一，冲突是不可避免的社会客观现象，冲突是社会结构的固有成分，在社会进程中是由利益所驱动的连续过程，冲突是普遍的而非个别的，是常态的而非特殊的。第二，科塞认为传统社会学对冲突的积极后果分析不足，他强调冲突是社会发展的基本动力，冲突不仅具有一般意义上的负面功能，而且它还具有众多正面的、积极的、有益的建设性功能。①

恐怖主义也是一种严重的暴力冲突现象，用“冲突理论”来分析恐怖主义，简单来说就是：恐怖主义冲突必然爆发，且恐怖主义冲突长期存在，这是不可改变的必然客观现象，人类怎样努力都难以消灭恐怖主义，也不要妄想恐怖主义能够消失。

第二类是人工智能研究的历史渊源与发展演化。

沃伦·麦卡洛克（Warren McCulloch）和沃尔特·皮茨（Walter Pitts）在1943年提出了第一个神经元顺序逻辑模型，以此角度解读了人工神经网络，是人工智能研究的早期重要代表作。② 20世纪50年代，随着数值计算向符号计算的转变，1956年由约翰·麦卡锡（John McCarthy）、马文·明斯基（Marvin Minsky）、纳撒尼尔·罗彻斯特（Nathaniel Rochester）和克劳德·香

① 宋林飞：《西方社会学理论》，南京大学出版社1997年版，第324页。

② Jose Mira Mira, “Symbols Versus Connections: 50 years of Artificial Intelligence”, *Neurocomputing*, Vol. 71, No. 4, 2008, pp. 671 – 680.

农（*Claude Shannon*）提出达特茅斯夏季人工智能研究项目。[①] 该人工智能研究项目最初的打字稿是由 17 页加上 1 个标题页组成，打字稿的副本存放在达特茅斯学院和斯坦福大学的档案馆里，前 5 篇论文陈述了这项提议，其余的几页给出了提议这项研究的作者资格和研究目标。1960 年 6 月 29 日—7 月 5 日，C. A. 缪斯（C. A. Muses）和麦卡洛克（W. S. McCulloch）等人举办了第一届探讨人工智能的国际研讨会并发布了论文集《人工智能的方方面面》。[②]

伊莱恩·里奇（Elaine Rich）分析了人工智能的语言解析系统、模板匹配系统与相关对象的图形系统。[③] 罗德尼·布鲁克斯（Rodney Brooks）研究了行为模拟视角下的机器人感知动作系统。[④] 机器人感知动作系统的感知和行动严格依赖于现实世界的接口，构建的人工智能系统不能简单理解为独立的信息处理单元的叠加，而是相互连接、相互依赖、相互交流的整体系统。在这一人工智能系统模式下，中心单元和外围单元的概念日渐模糊，所有的链接都既是中心的又是外围的，基于这一原理，可以建造在非生物环境下自动移动的机器人。

佐宾·葛拉曼尼（Zoubin Ghahramani）通过可能性模型提出

---

① John McCarthy, Marvin Minsky, Nathaniel Rochester, Claude Shannon, “A Proposal for the Dartmouth Summer Research Project on Artificial Intelligence”, *AI Magazine*, Vol. 27, No. 4, 2006, p. 12.

② Musés, Charles Arthur, *Aspects of the Theory of Artificial Intelligence: The Proceedings of the First International Symposium on Biosimulation Locarno*, New York, NY Springer US, 1962, pp. 105 – 114; 115 – 163.

③ Arlindo Oliveira, “Further Reading”, *The Digital Mind*, September 2017, pp. 287 – 292.

④ Rodney A. Brooks, “Intelligence Without Representation”, *Artificial Intelligence*, 1991 (47), pp. 139 – 159.

了一种人工智能的机器学习框架。这种机器学习框架可应用于实用机器的设计，且通过获得的数据进行检验。① 机器学习框架描述了如何表示和操纵机器模型以及预测结果的不确定性，在人工智能数据分析、人工智能技术、认知科学与概率编程、贝叶斯优化、数据压缩、自动模型检测、大数据应用上具有价值。拥有人工智能的无人驾驶汽车和协同机器人运行的自动化超市、市场在没有人类监督的情况下引发了学术界新的探讨，即由物联网、人工智能、工业 4.0 驱动的完全自动化将对大数据、大数据经济学、人类生活带来何种革命性影响。② 工业 4.0 是一种高科技的制造自动化战略，因此创造了智能工厂。工业 5.0 则可以使大数据共同生产知识民主化，建立一个内置的安全退出策略并且使三维系统对称性成为可能。

近年来，人们关于人工智能对社会和政治的影响进程进行了大量思考，其中不乏创新性的研究成果和前瞻性的观点。例如人工智能的机器人是否具有道德地位，机器人是否需要被尊重，以及如何看待人工智能的机器人和人类之间的二元区别与联系。③ 2019 年 12 月以来暴发的新冠肺炎疫情，造成了国内外大量人员

① Zorbing Ghahramani, “Probabilistic Machine Learning And Artificial Intelligence”, *Nature*, 2015 (5), p. 452.

② Vural Özdemir, Nezih Hekim, “Birth of Industry 5.0: Making Sense of Big Data with Artificial Intelligence, The Internet of Thingsand Next - Generation Technology Policy”, *OMICS A Journal of Integrative Biology*, Vol. 22, No. 1, 2018, p. 1.

③ Steven Livingston, Mathias Risse, “The Future Impact of Artificial Intelligence on Humans and Human Rights”, *International Affairs*, Vol. 33, No. 2, 2019, pp. 141 - 158.

的感染。在此严峻形势下，我们可以使用人工智能技术，将新冠病毒控制在一定范围内。① 总而言之，我们将人工智能应用于医疗保健、疫情防控与危机处理都是极有价值的。

第三类是恐怖主义组织攻击与宣传动员手段的现代化。

恐怖主义组织入侵政府部门与主流媒体的网站和社交媒体账号，更改政府与媒体发布内容的标题，替换为恐怖主义组织的宣传口号，这将导致政府部门与主流媒体对公众宣传的信号传输中断甚至瘫痪。沟通、供应链管理、各种至关重要的电力资源是关键基础设施的组成部分，承担着消费者档案保护和数据运营的工作，其面临恐怖主义新的安全挑战。作为基础设施的组成部分，构成性的电力系统，信息技术和电力两者的相互依赖导致了安全漏洞。在此背景下，恐怖主义组织的威胁可能导致电力行业巨大的开支、长时间停机、大规模经济负担、从业人员的心理影响等，损害国民经济的正常运转。在反恐机构的努力下，只能减轻恐怖主义组织对电力行业的这种威胁，却无法彻底根除。②

恐怖主义组织利用社交媒体“优图”（Youtube）、“照片墙”（Instagram）、“推特”（Twitter）、“脸书”（Facebook）、“瓦次普”（Whatsapp）等平台对青年人进行宣传动员。恩坎萨·阿纳瓦赫（Nkansah Anakwah）等研究者对“恐怖主义组织如何影响青年人

① Becky McCall, “COVID – 19 and Artificial Intelligence: Protecting Health – Care Workers and Curbing the Spread”, *The Lancet Digital Health*, February 20, 2020, p. 1.

② Sampath Kumar Venkatachary, Jagdish Prasadb, Ravi Samikannu, “Cybersecurity and Cyber Terrorism-in Energy Sector-A Review”, *Journal of Cyber Security Technology*, 03 October, 2018, p. 1.

群体”主题进行了专项调查研究，他们从加纳大学抽取了241名本科生，最终调查结果显示，电视、电台、报纸早已不是恐怖主义组织渗透青年人的主要途径，社交媒体已经成为青年人接触到恐怖主义的平台。尤为重要的是，在所调查的各种社交媒体平台中，在“优图”“照片墙”上接触恐怖主义活动的青年人多过在“瓦次普”“推特”“脸书”上接触恐怖主义活动的青年人。①

第四类是外国首都恐怖主义袭击案件的研究。

近年来，各国首都发生的恐怖主义袭击案件变得越来越多。托马斯·纳尔（Thomas Nail）通过对巴黎恐怖主义袭击案件的探讨，认为在民族国家内部发生双重危机的条件下，移民已经被西方大国视为潜在的恐怖主义分子。② 戈登·雷纳（Gordon Rayner）解析了柏林恐怖主义袭击案件，认为该恐怖主义袭击是由于警察的监管不力造成的。③ 除了巴黎、柏林之外，近年来，伦敦也发生多起恐怖主义袭击案件。2020年2月3日，南伦敦再次爆发恐怖

① Nkansah Anakwah, Feikoab Parimah, Courage Kofi, Charles B. Wiafe – Akenteng, “High Tech or High Threat?: The Influence of Social Media Exposure on the Terrorist Risk Perception of University Students”, *Conference: 3rd Annual Psychology Research Conference, At Center for African Wetlands, University of Ghana, Legon*, 28 April 2016, p. 13.

② Thomas Nail, “A Tale of Two Crises: Migration and Terrorism After the Paris Attacks: Migration and Terrorism After the Paris Attacks”, *Studies in Ethnicity and Nationalism*, Vol. 16, No. 1, 2016, p. 158.

③ Gordon Rayner, “Catalogue of Blunders That Left ‘Berlin Terrorist’ Free to Kill”, 21 December 2016, Retrieved from https://www.telegraph.co.uk/news/2016/12/21/catalogue-blunders-left-berlin-terrorist-free-kill/, 2020-07-30.

主义袭击事件，造成多人受伤。① 莫斯科恐怖主义袭击发生之后，马修·罗扬斯基（Matthew Rojansky）断言：“莫斯科这些恐怖主义分子与北高加索地区的反政府武装有联系”。②

### （二）国内研究

梳理了国外研究动态之后，来看国内相关研究现状。国内研究有四类：一是人工智能的国内研究。1981 年中国人工智能学会成立。李德毅等认为人工智能中存在超熵，造成了混沌、模糊、随机。③ 吴斌等分析人工智能技术及其在继电保护领域的应用。④ 邹蕾等从信息网络安全的视角解读人工智能。⑤ 吴量亮以科大讯飞为案例透视中国在人工智能领域的进步与发展。吴汉东指出，人工智能时代对原有的法律规则与制度安排提出新的变革性要求，这既是一场挑战又是机遇。⑥ 尤其是在刑法上，存在应对人工智能的滞后性和局限性。⑦ 人

---

① Daniel De Simone, “Sudesh Amman, Who was the Streatham attcaker? ”, *BBC News*, 3 February 2020, p. 1.

② Matthew Rojansky, “In the Wake of the Moscow Bombings”, *BBC Radio's Up All Night*, March 30, 2010, p. 1.

③ 李德毅、刘常昱、杜鹢、韩旭：《不确定性人工智能》，《软件学报》，2004 年第 11 期，第 1583 页。

④ 吴斌、刘沛、陈德树：《继电保护中的人工智能技术及其应用》，《电力系统自动化》，1995 年第 5 期，第 5—11 页。

⑤ 邹蕾、张先锋：《人工智能及其发展应用》，《信息网络安全》，2012 年第 2 期，第 11—13 页。

⑥ 吴汉东：《人工智能时代的制度安排与法律规制》，《法律科学（西北政法大学学报）》，2017 年第 5 期，第 128 页。

⑦ 刘宪权：《人工智能时代的刑事风险与刑法应对》，《法商研究》，2018 年第 1 期，第 3 页。

工智能在大数据挖掘处理、[1] 5G 通信技术领域也有广阔的应用价值。[2]

二是地区主义与制度构建研究。王逸舟提出软实力构建应转变思路。[3] 肖欢容认为国内学界对于地区主义的研究比较缺乏，地区主义对秩序和主权起到了塑造作用。梁昊光分析京津冀一体化对首都人口规模的影响。刘波关注全球化时代的北京城市外交。卢静研究当前全球治理的制度困境及其改革方向。李兴研究金砖国家的文化。王志民分析了“一带一路”背景下的对外开放地缘布局。方长平比较了中国与世界主要国家或地区的秩序观。储殷从权力、市场与文化三重视角分析“命运共同体”的构建。孙吉胜认为在“命运共同体”建设中，应加强文化理念的传播。张胜军对在京国际人士对北京国际化的认知与评价做了调查报告。尹继武探讨了规范视角下的北京国际化进程。高尚涛从结构与行为的视角分析关系认同。何兰研究新安全观的渊源、理念及其意义。贾烈英从国际制度有效性的视角分析了国际安全观的构建。[4]

三是智慧城市反恐的研究。在城市反恐情报收集中，存在应用转化、共享合作、处理分析、配套资源的不足。[5] 鉴此，在智慧城

① 宋勇建、高占江：《大数据时代人工智能在计算机网络技术中的应用价值》，《计算机产品与流通》，2020 年第 3 期，第 7 页。

② 文华炯：《5G 通信技术与人工智能的融合与发展趋势》，《科技创新与应用》，2020 年第 7 期，第 158—159 页。

③ 王逸舟：《软实力构建应转变思路》，《领导文萃》，2016 年第 3 期，第 1 页。

④ 贾烈英：《国际制度的有效性：以联合国为例》，《国际政治科学》，2006 年第 1 期，第 86 页。

⑤ 李阳：《适应新时代背景的反恐情报信息服务：体系构建与实施路径》，《图书情报知识》，2019 年第 4 期，第 62 页。

市反恐的机制构建中，建设高效、联动、智能的新型智慧警务模式的任务迫在眉睫。① 反恐怖主义具有艰巨性、复杂性、特殊性，都伊林、吴骁认为智慧城市亟待构建“预案—预警—情报”的整合式“智慧反恐”系统。② 曾子明、王婧认为智慧城市的反恐信息系统应具备协同化、智能化、泛在化的特性，既要充当保障机构又必须是情报部门。③

四是北京的防恐怖主义、反恐怖主义研究。2022 年北京冬季奥林匹克运动会可能面临网络恐怖袭击、生化武器袭击、爆炸袭击等恐怖主义袭击方式。④ 鉴此，近年来，北京已多次进行反恐怖主义演练与危机应急处置事件演练。⑤ 北京的反恐办多次组织反恐怖主义宣传周活动，开展“人人参与、全民反恐”的动员和宣传工作，⑥ 举行反恐怖主义主题公益广告的推广宣传活动。⑦ 据北京警方消息，

① 王雨佳、于浩、杨子慧：《智慧警务视野下城市反恐建设研究》，《武警学院学报》，2020 年第 6 期，第 78 页。

② 都伊林、吴骁：《智慧城市视角下完善反恐预警机制》，《情报杂志》，2015 年第 7 期，第 13 页。

③ 曾子明、王婧：《基于顶层设计的智慧反恐情报服务及保障研究》，《情报杂志》，2017 年第 8 期，第 18 页。

④ 孙越颖、杨玉海、朱海明：《2022 年冬奥会反恐形势及防范对策研究》，《北京警察学院学报》，2018 年第 1 期，第 41 页。

⑤ 池梦蕊、马建朋：《北京站开展反恐演练提高应急处置能力》，人民网，2019 年 3 月 4 日，http://bj.people.com.cn/n2/2019/0304/c82840-32703038.html，访问日期：2020 年 6 月 30 日。

⑥ 陈建：《2017 年反恐宣传周活动启动》，中国新闻网，2017 年 4 月 28 日，http://www.bj.chinanews.com/news/2017/0428/58017.html，访问日期：2020 年 6 月 30 日。

⑦ 徐立民：《北京举行反恐主题公益广告推广宣传活动》，中国警察网，2019 年 12 月 27 日，http://news.cpd.com.cn/n12021581/n12021582/201912/t20191227_874373.html，访问日期：2020 年 7 月 15 日。

京津冀三地将共建反恐怖主义协同合作的发展网络，推进反恐怖主义合作领域更宽、层次更深、水平更高。①

总而言之，学术界对本课题已有一定研究积累，但在如下三个方面仍留有学术机遇：一是在研究视角上，现有研究成果聚焦于人工智能的发展，但对非传统安全研究视域下的防恐怖主义、反恐怖主义的成果较少。二是在研究内容上，有关北京防恐怖主义、反恐怖主义的前期成果不多。学术界较少关注北京如何构建联勤智能指挥体系、反恐情报智能收集系统、防恐怖主义与反恐怖主义的网络构建、北京反恐怖主义机器人研发等。三是在研究思路上，对非传统安全研究视域与都市“智慧反恐”体系构建两者间的关联机制缺乏深入解析，本书将从理论与实践结合的角度，在合理借鉴现有成果的基础上，试图解决这些问题。

## 二、本书的学理意义

第一，本书是对恐怖主义与反恐怖主义研究的补充和发展。社交网站、移动支付、电子刊物、网络教学平台等越来越成为恐怖主义组织利用的新手段，这是非传统安全的新形式，这种变化不仅意味着政府部门与反恐怖主义机构面对的威胁形式已发生变化，且预示了各国首都防恐怖主义、反恐怖主义体系的构建已经迫在眉睫。

第二，本书的研究将促进政治学、安全研究、计算机科学的互动。本书的内容与研究方法都是跨学科领域的，将政治学、安全研

① 李涛：《京津冀三地将共建反恐防恐网络，推进警务协同》，《北京青年报》，2016 年 1 月 26 日，第 1 版。

究、计算机科学等相互结合，促进不同学科间的共享与合作。

### 三、本书的应用价值

第一，本书提出要革新都市的防恐怖主义、反恐怖主义体系。恐怖主义组织利用非传统安全的新手段威胁都市社会经济发展与人民生活，对都市现有安保体系形成严峻挑战。

第二，本书为非传统安全研究视域下都市“智慧反恐”体系构建提供建议。都市“智慧反恐”体系构建需要进行超网络熵控与发挥序参量的积极效用，采集恐怖主义组织的数据，实现信息资源集成和整合，利用大数据的预测和人工智能的模拟能力，引导防恐怖主义、反恐怖主义工作不断创新。

第三，本书提示政府部门高度关注人工智能在反恐怖主义体系构建领域的应用。政府面临的恐怖主义组织攻击方式和手段发生新变化，需要做出准确判断，借助人工智能手段，应对新威胁。

## 第二节　研究对象、重点难点、研究框架

本节分为三个部分，笔者首先分析了非传统安全研究视域下都市“智慧反恐”体系构建的研究对象；其次笔者梳理了非传统安全研究视域下都市“智慧反恐”体系构建研究的重点难点；最后，笔者解读了非传统安全研究视域下都市“智慧反恐”体系构建的研究框架与研究设计。

## 一、本书的研究对象

在非传统安全的研究视域下，“智慧反恐”体系构建是基于人工智能的技术应用。“智慧反恐”体系构建的特征是多层面网络、多维度关系、非线性、随时空演化性。在非传统安全的背景下，“智慧反恐”体系构建的应用包括智能采集恐怖主义组织与恐怖分子的文本数据、设置智能防火墙、智能检测微表情、智能识别人脸与视网膜、智能甄别指纹与掌纹、智能监督与举报机制、计算机反恐辅助决策、智能选择应急方案、智能追踪恐怖分子网络交易、研发反恐怖主义机器人战士，实现跨越大都市各部门、各区域之间的智能信息整合，促进在反恐怖主义安全领域的信息共享，实现危机事件中的快速反应与灵活应对。

## 二、本书的重点难点

### （一）本书的研究重点

第一，解析互联网时代欧洲城市面临的新型恐怖主义威胁及其应对路径。近年来，活跃在欧洲的恐怖主义组织呈现网络化与高科技化趋势，这就要求反恐怖主义机构也走向智能化。恐怖主义组织结合互联网兴风作浪，对欧洲城市政府部门与反恐怖主义机构构成了新的考验。鉴于此，欧洲反恐怖主义中心成立并构建跨城市的“智慧反恐”系统。该系统涵盖三个具体领域：智能信息整合与宣传、智能数据采集与识别检测、智能决策与模拟应用。智能信息整合与宣传包括共享反恐怖主义信息，编制恐怖主义组织的网络结构图，上传反恐怖主义数据包，在线巡查网络恐怖主义、宣传反恐理念；智能数据采集与识别检测涵盖开发应用程序，在线采集恐怖分子图片，将图片转换为数据，上传图片数据到云端，研发政府的智能防火墙，推广微表情测谎与虹膜识别；智能决策与模拟应用包括建立模仿人类反恐怖主义专家决策过程的计算机系统、普及智能决策支持系统，加大力度研发反恐怖主义机器人、反恐怖主义无人机和反恐怖主义无人汽车等。

第二，通过分析欧洲反恐怖主义中心构建人工智能反恐怖主义系统的过程与规划，以期增进国内学界对人工智能如何应用于反恐怖主义领域的认知，并为中国城市反恐怖主义机构将来如何构建智能反恐怖主义、防恐怖主义系统拓展思路。

第三，研究基于人工智能的中国城市“智慧反恐”体系构建的路径。中国城市急需建立智能、高效、敏捷的危机紧急处理机制，设立基于人工智能的反恐怖主义合作平台，加强智能反恐怖主义演习并与企业、科研院所联合研发反恐怖主义机器人等。

第四，通过分析欧洲城市“智慧反恐”体系构建的新媒体宣传路径，提议加强中国城市“智慧反恐”体系的“两微一端一抖”（微博、微信、客户端、抖音）联动宣传。中国城市各部门、各区域的社交媒体账号应对于“智慧反恐”体系进行联合宣传，建立“智慧反恐的两微一端一抖”机制。

### （二）本书的研究难点

本书的研究难点在于数据获取与数据处理，笔者专门邀请了人工智能与脑神经领域的专业人士进行指导，还曾赴欧洲恐怖主义事件频发的城市，例如巴黎、伦敦等进行社会调研，还多次访谈国内外反恐怖主义机构的专职人员，开展了多次前期调研。

## 三、本书的研究框架

图1—1是非传统安全研究视域下都市“智慧反恐”体系构建的研究框架与研究设计。本书研究的主要目标有三点：第一，分析非传统安全研究视域下都市“智慧反恐”体系的构建路径。第二，解读恐怖主义组织攻击都市的新策略与新变化。第三，总结经验，为非传统安全研究视域下都市“智慧反恐”体系构建出谋划策。

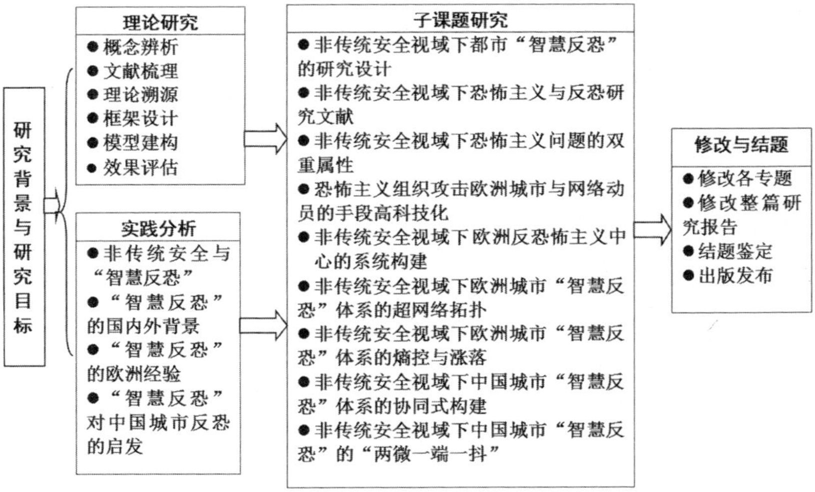


**图1—1 本书的研究框架和研究设计**

笔者自制。

## 第三节 研究思路、研究方法、研究计划

本节分为三个部分，笔者首先梳理了非传统安全研究视域下都市“智慧反恐”体系构建的研究思路；其次笔者分析了非传统安全研究视域下都市“智慧反恐”体系构建的研究方法；最后，笔者解读了非传统安全研究视域下都市“智慧反恐”体系构建的研究计划与可行性。

### 一、本书的研究思路

如图1—2所示，黑框内容是本书的研究要点，包括恐怖主义组织攻击欧洲城市与网络动员的手段高科技化、非传统安全研究视域下欧洲反恐怖主义中心的系统构建、非传统安全研究视域下中国城市“智慧反恐”体系的协同式构建。笔者在研究过程中，拟使用上图中的研究步骤与研究方法来确保问题研究方案的进展。

### 二、本书的研究方法

本书主要的研究方法有四种：一是文本分析法。分析恐怖主义组织网络动员的文本内容，包括对其概念选词进行定量和定性分析，解析其话语结构和典型的描述手法，研究恐怖主义组织的语用策略。二是模型分析法。使用超网络系统、频率类型测算法、

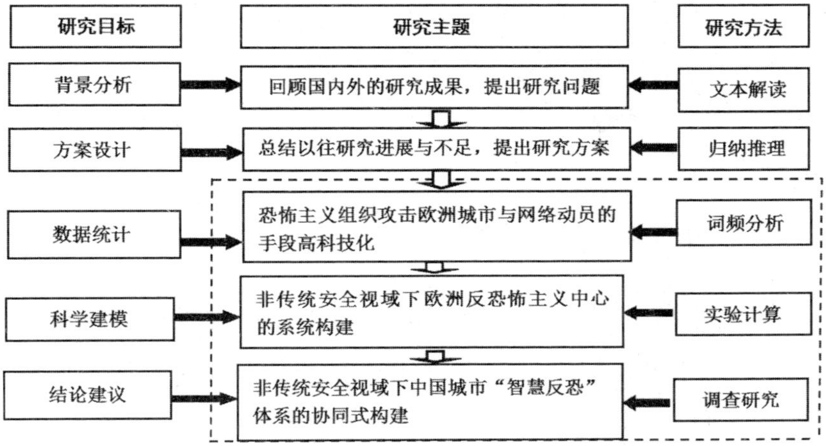


**图 1—2　技术路线图**

笔者自制。

模型解析等分析欧洲反恐怖主义中心的建构。三是案例研究和统计分析。详解恐怖主义与反恐怖主义的案例并使用软件创建相关数据库。四是调查研究。结合调查问卷与访谈结果为非传统安全研究视域下都市政府部门如何建构“智慧反恐”体系建言献策。

## 三、本书的研究计划

### （一）本书的研究计划

非传统安全研究视域下都市“智慧反恐”体系构建的研究计划分为四个阶段：（1）组建课题领导小组；建立分课题研究小组；进行具体分工；设计研究方案；梳理文献。（2）采集数据与分析案例；结合多种研究方法对总课题与分课题进行深入细致的研究；遵循保质保量的基本原则。（3）进行社会调研，并结合问卷与访谈结果对课题内容进行修正；召开阶段性课题会议；分组探讨课题进展与不足；结合情况变化适时调整课题内容。（4）总报告撰写及课题验收；全面总结课题；上报并申请结题；推广课题最终成果。

### （二）本书的可行性

笔者主要从事非传统安全方面的教学和研究工作，曾经赴国外访学，对相关领域进行多次调研，近年来积极参与学术交流与研究。一方面，笔者参加了北京大学、清华大学、中国人民大学、中国社会科学院、国际关系学院、北京外国语大学等高校与科研院所举办的国内学术研讨会，提交会议论文并进行发言。另一方面，笔者赴外参加了伦敦政治经济学院、杜克大学、昆士兰大学等大学的国际学术研讨会议并提交参会论文。

笔者前期成果包括独立撰写 CSSCI 期刊 24 篇，已被国务院发展研究中心采纳的研究报告 1 份，著作 8 部（20 万字以上）。独立发表的核心期刊包括《世界经济与政治》《现代国际关系》《外交评论》《国际论坛》《当代亚太》等，20 万字以上专著的出版社分别为时事出版社、世界知识出版社、人民日报出版社等，笔者多篇学术论文被《人大复印资料》《中国社会科学文摘》全文转载，被十几家知名网站（“中国社会科学网”“中国共产党新闻网”“人民网”“凤凰网”等）全文转载刊发，是北京市教育界的青年代表（10 名代表之一）。

在研究报告的写作过程中，笔者做了大量实地调研，发放并回收了大量调查问卷，搜集了大量相关数据，为前期研究奠定了基础。根据中国知网的统计，截止到 2020 年 8 月，笔者多篇学术论文被下载百次以上、引用多次。笔者主持完成国家级项目 1 项，主持完成省部级项目 4 项，另外参与完成国家级项目 1 项，具有完成科研项目的经验与带领项目团队执行课题的能力，有的项目的最终成果审核等级还被专家组评选为优秀（平均分 90 分以上）。

### （三）本书的条件保障

#### 1. 技术保障和时间保证

笔者不仅具有扎实的专业基础，而且具有研究此课题的条件与潜力。所供职的高等院校大力支持笔者投身于科研创作中，因此，笔者有充沛的精力与时间进行这项写作活动，保证按质、按量完成。

#### 2. 资料设备和使用仪器

笔者所在单位相关设施先进，建有语言实验室、计算机教室、配置有先进的地面卫星接收系统；图书馆藏书量达 300 余万册，国内外相关数据库 100 个，拥有声像资料服务系统、缩微系统、内外联网的校园网系统，能掌握最新信息。目前笔者可用于项目使用的千元以上的实验设备名称如下：热点问题视频采集设备、热点问题接收设备、热点问题视频处理设备、热点问题信息处理平台（交换机）、大型硬盘存储机、电脑等。

# 第四节　研究特色、社会效益、预期效果

在这部分，笔者首先梳理了非传统安全研究视域下都市“智慧反恐”体系构建路径的研究特色；其次分析了非传统安全研究视域下都市“智慧反恐”体系构建路径研究的社会效益和预期成果。

## 一、本书的研究特色

非传统安全研究视域下都市“智慧反恐”体系构建的研究特色体现在四个方面：一是在学术思想上，非传统安全研究视域下都市“智慧反恐”体系构建研究除体现反恐怖主义研究的一般特性外，它的非传统安全研究视域、人工智能等研究特色突破反恐怖主义研究的传统视角，为我们认识人工智能时代反恐怖主义新方式并以此开展专题化研究提供新思路。二是在学术观点上，非传统安全研究视域下都市“智慧反恐”体系构建研究尝试结合非传统安全研究、人工智能与“智慧反恐”，分析基于非传统安全研究视域下的“智慧反恐”体系建构路径、反恐大数据采集、互联网安全形势监控、反恐怖主义信息共享、反恐机器人战士研发、无人汽车应用等。三是在研究方法上，非传统安全研究视域下都市“智慧反恐”体系构建研究结合定性研究与定量研究方法的优势，建构理论模型，并通过调查访谈、数据分析、案例详解、比

较研究等多种研究方法，检验理论模型。四是在研究建议上，本书在非传统安全研究视域下都市“智慧反恐”体系的建构路径中，建议都市政府部门及警务机构围绕人工智能，进行熵控与警惕涨落，发挥超网络序参量的积极作用，构建互联互通的一体化平台，采用“两微一端一抖”的社交媒体宣传等。

## 二、本书的社会效益与预期效果

笔者紧密结合实践需要，完善和改进研究方法，在认真分析数据与模型的基础上为都市相关部门出谋划策。

### （一）政府相关部门

非传统安全研究视域下都市“智慧反恐”体系构建的研究成果对于相关部门与反恐怖主义机构认识恐怖主义新威胁、掌握现阶段恐怖主义威胁的新特性、维护都市社会安全稳定等，具有较高的政策参考价值。本书为都市主管安全与稳定等相关工作的部门加深对恐怖主义威胁的认识有的放矢地进言献策，同时为都市实现社会安定团结，提供相关参考建议。

### （二）科研机构与高校

非传统安全研究视域下都市“智慧反恐”体系构建的研究成果紧密关注人工智能与都市反恐的最新动态，剖析恐怖主义威胁蔓延对都市的影响以及谋求都市的应对之路。本书的研究成果对致力于非传统安全、人工智能、反恐怖主义研究的科研机构，以及安全类、政治类、外交类、国际关系类院校提供新的学术素材，推动学术交流。

（三）都市企业

恐怖主义造成的威胁不仅影响政府、民众，也危及在都市的企业。本书提出人工智能领域的相关企业可参与反恐怖主义事业。非传统安全研究视域下都市“智慧反恐”体系构建的研究成果通过对人工智能如何应用于反恐怖主义进行分析，对恐怖主义威胁的新特点，以及“智慧反恐”体系构建进行综合论述，并对上述实践经验进行系统总结，希望为这些企业提供操作性较强的建议。

# 第二章　恐怖主义组织攻击欧洲城市与网络动员的手段高科技化[①]

近年来，恐怖主义分子连续攻击巴黎、柏林、莫斯科、伦敦等国际大都市。在托马斯·纳尔（Thomas Nail）的解读下，2015年11月13日巴黎恐怖主义袭击发生之后，欧洲的难民危机便不再与恐怖主义危机相分开。[②] 在民族主义者的想象中，这两种危机从未真正分开。区别在于，由于危机之间的关注转移如此之快，欧洲各国城市对叙利亚难民的反应中的隐含内容已对巴黎的悲剧性恐怖主义袭击做出了新的明确注解："移民被理解为是一种威胁欧洲联盟的野蛮存在。"[③]

戈登·雷纳（Gordon Rayner）指出："柏林恐怖主义袭击的主要嫌疑人突尼斯男子阿尼斯·阿姆里（Anis Amri）作为一个潜在

---

① 本章部分内容笔者已经发表于《现代国际关系》2016年第2期，第32—39、63、65页。

② Thomas Nail, "A Tale of Two Crises: Migration and Terrorism After the Paris Attacks: Migration and Terrorism After the Paris Attacks", *Studies in Ethnicity and Nationalism*, Vol. 16, No. 1, 2016, p. 158.

③ Thomas Nail, "A Tale of Two Crises: Migration and Terrorism After the Paris Attacks: Migration and Terrorism After the Paris Attacks", *Studies in Ethnicity and Nationalism*, Vol. 16, No. 1, 2016, pp. 158 – 159.

的恐怖主义威胁被警察秘密监视了几个月，直到 2016 年 12 月初才从警察监控中溜走。”① 逃脱之后的阿尼斯·阿姆里很快制造了“12·19 柏林圣诞集市恐怖主义袭击案”，造成多人伤亡。此后，“伊斯兰国”（Islamic State of Iraq and the Levant）通过互联网宣称对该恐怖主义袭击案件负责。莫斯科恐怖主义袭击案件也造成了恶劣影响并为俄罗斯联邦政府和人民敲响反恐怖主义警钟。“迄今为止，大多数分析表明，这些袭击是对俄罗斯北高加索地区的俄罗斯联邦支持部队最近为清除藏匿于此的一些武装分子行动所做出的报复行为。”② 考虑到俄罗斯北高加索地区的历史和现状，假设恐怖主义袭击与该地区有关，这一点也不令人惊讶。其中，被称为“黑寡妇”的女性恐怖主义袭击者、自杀式恐怖主义袭击者尤其难以预防，因为这些恐怖主义袭击者通常是由强烈的个人情绪驱动的，而且很多案例是通过互联网煽动的。鉴此，俄罗斯联邦政府在北高加索地区加大了安保力度与监管力度。

除了巴黎、柏林、莫斯科之外，近年来，伦敦也发生了多起恐怖主义袭击案件。如前所述，2020 年 2 月 3 日，南伦敦再次爆发恐怖主义袭击事件，造成多人受伤。③ 鉴此，伦敦的紧急服务部门提高了应对恐怖主义案件的快速响应能力。尽管政府部门的努

① Gordon Rayner, “Catalogue of Blunders That Left ‘Berlin Terrorist’ Free to Kill”, 21 December 2016, Retrieved from https://www.telegraph.co.uk/news/2016/12/21/catalogue-blunders-left-berlin-terrorist-free-kill/, 2020-07-30.

② Matthew Rojansky, “In the Wake of the Moscow Bombings”, *BBC Radio's Up All Night*, March 30, 2010, p. 1.

③ Daniel De Simone, “Sudesh Amman, Who was the Streatham attcaker?”, *BBC News*, 3 February 2020, p. 1.

力还不足以保证每位伦敦公民完全免受恐怖主义袭击的伤害，但是准备工作仍是必不可少的。伦敦政府建立应急服务计划，应对随着互联网上攻击方法迅速传播而在伦敦各地发生的恐怖主义袭击案件，使用人工智能技术检查所有公共空间的安全，设立恐怖分子数据库并加大反恐机器人的研发力度，通过社交媒体强调商业企业应增强在安全性方面的意识，鼓励每个伦敦市民在建立伦敦市的安全文化中发挥作用。

如图 2—1 所示，恐怖主义组织攻击欧洲大国首都与网络动员的手段呈现高科技化特征，具体有如下五个方面的表现：第一，雇佣黑客对欧洲大国都市政府门户网站与主流媒体账号进行攻击；第二，借助普及化的社交工具谋求欧洲大国都市的公众认同；第三，发行多语种的电子刊物跨国招募青年；第四，通过线上平台或软件募集大量资金；第五，建立动员、募资、指挥、后勤为一体的恐怖主义集群网络系统。

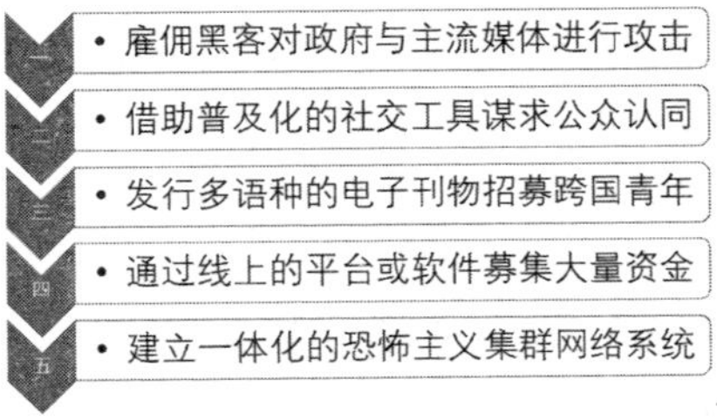


**图 2—1　恐怖组织攻击欧洲大国都市与网络动员手段的高科技化**

笔者自制。

近年来，恐怖主义组织频频利用互联网进行全方位自我宣传，其中最值得关注的是它对欧洲青年的网络招募问题。① 恐怖主义组织如何进行网络动员与网络招募，这对于政界和学界都是一个新课题，也凸显了我们对于恐怖主义组织研究的不足。在以往较长一段时期里，我们对恐怖主义组织的研究多囿于军事较量或权力角逐，而较少关注“伊斯兰国”的互联网攻势。与“基地”组织（Al－Qaeda）、“哈卡尼”组织（Haqqani）、“伊斯兰祈祷团”（AL－Jama'ah Al－Islamiyyah）等传统恐怖组织不同，“伊斯兰国”灵活运用互联网进行宣传与推广，其领导人阿布·贝克尔·巴格达迪只对摄像机讲过一次话，然而，他的演说和“伊斯兰国”无数其他宣传视频，充斥着社交网站，影响欧洲青年的认知。

与传统的恐怖主义组织不同，新型恐怖主义组织攻击欧洲大国首都的手段呈现高科技化特征，更擅长使用互联网技术与社交媒体平台。例如，在“伊斯兰国”的“哈里发宣言”（the Declaration of the Caliphate）发布以后，与“基地”组织断绝关系，两者摩擦不断甚至引发新老恐怖主义组织的内战。此后，“伊斯兰国”招募了9名前“基地”组织成员，这9名“伊斯兰国”的新入成员指控“基地”组织实施了“非伊斯兰教”的行为，比如对什叶派的宽大处理和参与而不是发动“圣战”的政治进程。基于意识形态的不同，尤其是在“伊斯兰国”要求“基地”组织宣誓效忠巴格达迪之后，“伊斯兰国”和“基地”组织之间的流血冲突接踵而至。新型恐怖主义组织“伊斯兰国”与传统的“基地”组织的这种不和在社交媒体的数据中也显而易见。

---

① Kori Schake, “@ ISIS Is #Winning”, *Foreign Policy*, July 7, 2014, http://foreignpolicy.com/2014/07/09/isis－is－winning/, 2021－07－11.

新型恐怖主义组织相比传统恐怖主义组织，其互联网攻势令人关注，它在借助社交网站功能、依托网络支付、发布网络影音与电子刊物等方面都有所创新。新型恐怖主义组织结合现代人的碎片式阅读节奏与快节奏生活习惯，用鲜明的标题和简单的语言通过网络招募成员；新型恐怖主义组织还成为地区极端组织的网络效仿对象，危及国家城市安全。基于互联网的扩散性，新型恐怖主义组织的网络攻势呈现出新的演变趋势，其灵活性与隐匿性增强，加大了对其防范和打击的难度。

目前90%的互联网恐怖活动是利用社交网站进行的。[①] 恐怖主义组织每天有超过 9 万条的视频信息和文字图片在全球各大社交网站上传播，仅在“推特”（Twitter）上与其相关的页面就有近 5 万个。[②] 例如，“伊斯兰国”是一个恐怖组织，而在宣传攻势方面却能灵活应用当下最流行的互联网平台，它的宣传人员利用精心编制的美化广告、富有煽动性的语言、激情澎湃的图片，将恐怖主义组织描绘成一个所谓的、虚拟的“理想之国”。

---

① Gabriel Weimann, “90% of Organized Terrorism on Web Conducted through Social Media”, *Washington*, January 14, 2012, http://www.newstrackindia.com/newsdetails/2012/01/14/0 – 90 – of – organized – terrorism – on – web – conducted – through – social – media – Expert.html, 2020 – 01 – 22.

② J. M. Berger, Jonathon Morgan, “The ISIS Twitter Census: Defining and Describing the Population of ISIS Supporters on Twitter”, *Center for Middle East Policy*, March 20, 2015, p. 53.

## 第一节 恐怖主义组织招募黑客对政府与主流媒体进行攻击

恐怖主义组织雇佣网络黑客对欧洲各国城市的政府和主流媒体进行攻击，本质上是出于争夺互联网话语权的需要。例如，恐怖主义组织“伊斯兰国”宣称它是“伊拉克和黎凡特伊斯兰国”或“伊拉克和叙利亚伊斯兰国”，自称为具备“合法性”的“大伊斯兰国家”，而拒不承认是恐怖主义组织。① 这实质上是为了在公众心中赢得声誉和树立合法性。当然值得注意的是，不仅世界大国政府，主流阿拉伯社会媒体和穆斯林文化也拒绝承认“伊斯兰国”的激进和极端主义意识形态，并经常以多种方式进行舆论抨击，既采取直接批评的形式，又包括幽默喜剧、寓言故事的形式。② 因此，“伊斯兰国”多次招募黑客对政府与主流媒体进行攻击。

恐怖主义组织系统的媒体战略还包括招聘高技术的黑客和经常使用加密移动技术的“虚拟教练”（virtual coaches），达到武器化互联网的作用。例如，当“伊斯兰国”通过推特在印度招募互联网专

---

① Ahmed Al - Rawi, “Anti - ISIS Humor: Cultural Resistance of Radical Ideology”, *Politics Religion & Ideology*, Vol. 17, No. 1, 2016, pp. 52 - 53.

② Ahmed Al - Rawi, Yasmin Jiwani, “Mediated Conflict: Shiite Heroes Combating ISIS in Iraq and Syria”, *Communication Culture & Critique*, Vol. 10, No. 4, 2017, pp. 675 - 676.

业技术人员时，他们要求被招募的人员能够熟练使用加密式安全聊天（ChatSecure）移动应用程序，用安全的电子邮件服务（Tutanota）创建一个账户，然后执行加密工具的操作。ChatSecure是一款开源项目程序，充分运用解密高手来为使用者提供安全的通讯渠道并且确保加密式聊天服务目标的实现。Tutanota声称拥有全世界最安全的邮箱服务，以便捷、迅速、私密作为设计原则，为使用者提供免费注册即可加密使用邮箱的权利。此外，“伊斯兰国”还要求应聘的专业技术人员能对移动硬盘和便捷式U盘进行加密操作，且要求技术人员能够从外部设备加密启动并使用计算机，而不在移动硬盘和便捷式U盘上留下任何操作痕迹。

除上述活动外，恐怖主义组织黑客团体的行动是有组织纪律和集中指令的。这些团体可被视为网络军队的一部分。在互联网上，“伊斯兰国”等恐怖主义组织将哈里发作为黑客联盟的精神领袖，作为施加影响的手段。恐怖主义组织还经常吹嘘自身黑客攻击的成功率以及能雇佣来自世界各地技术一流的黑客。① 这些黑客行为是有组织和集中的，他们接收了自上而下的指令。这些黑客还能在移动应用和社交媒体上屏蔽其他组织或媒体的言论，例如在电报中屏蔽“拉卡在沉默中被屠杀”（Raqqa is slaughtered in Silence）的言论。②

① BBC Arabic，“Pentagon：The Killing of a Prominent ISIS Leader in a Raid Near Raqqa inSyria”，2016，September 16，Retrieved from http：//www. bbc. com/arabic/middleeast/2016/09/160916_syria_pentagon_isis_leader，2020－05－30.

② Shiloach，G，“Pro－ISIS Hackers Got A Raqqa Activist Group Blocked On Telegram. Vocativ”，2016，November 2，Retrieved from http：//www. vocativ. com/372672/proisishackersgotaraqqaactivistgroupblockedontelegram/，2020－05－30.

恐怖主义组织深谙互联网的巨大威力与青年人偏爱刺激性场景的心理，将目标对象瞄准青年群体，以寻找互联网中的支持者。恐怖主义组织的视频图像中经常出现“蒙面人”与“被斩首者”两种对比形象，它把“蒙面人”暗喻压抑的青年，将“被斩首者”暗喻当地政府或西方大国权威，把前者对后者实施斩首的过程解读为“青年群体抗争社会权威”的历程。恐怖主义组织把这种视频阐释为所谓的“英雄的革命史”，鼓励青年群体应该效仿视频中的“蒙面人”，无所畏惧、勇往直前。① 例如，2014 年 6 月，“伊斯兰国”上传了长达 1 个小时的视频，视频中“蒙面人”在半夜敲响当地高级警方官员的家门，蒙住这名官员的眼睛，在卧室中斩首该官员。② 同年 8 月 19 日与 9 月 5 日，“伊斯兰国”在社交网站上公布了“蒙面人”斩杀两名记者詹姆斯·弗雷（James Foley）和史蒂文·索特洛夫（Steven Joel Sotloff）的视频。③ 2015 年 1 月 31 日，“伊斯兰国”发布斩杀人质后藤健二的视频。④ “伊斯兰国”在巴黎恐怖袭

① Islamic State of Iraq and the Levant, “The Return of Khilafah”, *Dabiq*, Vol. 1, No. 1, 2014, p. 5.

② Hannah Jane Parkinson, James Foley, “How Social Media is Fighting Back Against Isis Propaganda”, *The Guardian*, August 20, 2014, http://www.theguardian.com/technology/2014/aug/20/james - foley - how - social - media - is - fighting - back - against - isis - propaganda, 2020 - 07 - 11.

③ Emily Goldberg Knox, “The Slippery Slope of Material Support Prosecutions: Social Media Support to Terrorists”, *Hastings Law Journal*, Vol. 66, No. 1, 2014, p. 102.

④ Rob Crilly, “ISIL murder Japanese Hostage Kenji Goto”, *The Telegraph*, February 1, 2015, http://www.telegraph.co.uk/news/worldnews/11382429/Isil - murder - Japanese - hostage - Kenji - Goto.html, 2020 - 07 - 11.

击前夜，上传以“很快将会血流成河”为标题的视频。①

## 第二节　恐怖主义组织借助普及化的社交工具谋求公众认同

社交媒体是一个十分开阔的平台，正义之士能通过它来宣扬道德与公益，恐怖主义组织也能通过它来宣传极端“圣战”理念，并传播渗透给全世界的公众。与传统媒体相较，难以计量的范围和开放的访问空间已经使社交媒体成为一个引人瞩目的恐怖主义组织和反恐怖主义机构你争我夺、彼此斗争、互相攻击的领域。坦言之，在过去的数年里，社交媒体作为全球极端“圣战”理念媒介的传播平台极大地促进了恐怖主义组织的国际招募。随着法律学者和政策制定者日益认识到这一问题，要求社交媒体和数字平台在遏制“恐怖主义言论”传播方面发挥主动作用的呼声越来越大。

恐怖主义组织在“推特”（Twitter）、“脸书”（Facebook）、“优图”（YouTube）等社交网站创立了大量账号，通过灵活应用

① Gingrich，“We Need a New Strategy for This Long War”，*US News*，December 4，2015，http：//www.usnews.com/opinion/blogs/peter – roff/2015/12/04/newt – gingrich – we – need – a – new – mindset – to – win – this – long – war – against – terrorism，2020 – 07 – 11.

这些社交网站的各种功能，吸引公众关注。① 第一是标签（Tag）功能。恐怖主义组织网络账号通过灵活运用标签功能按主题或事件组织帖子，进行关键词标注以诱导公众通过搜索引擎检索，增强它所发布信息的互联网影响力。② 第二是关注（Follow）功能。恐怖主义组织网络账号十分重视关注功能，它以各种形式吸引公众关注它的主页。③ 公众一旦点击关注功能之后便成为恐怖主义组织的“粉丝”，可以在动态消息里查看恐怖主义组织网络账号发布的所有帖子、图片等，能够潜移默化地被它影响。第三是转发（Re－tweet，简称 RT）功能。恐怖主义组织网络账号极为看重帖子的转发率，它选择封面图片时充分结合目标人群和消息内容，比如，它发帖招募青年男性时选择简单直白的图片，招募青年女性时选择颜色明快的图片。第四是回复（Reply，简称 RE）功能。恐怖主义组织网络账号积极回复每一条公众留言，且使用@符号及时提醒留言者，让留言者感觉到被尊重与被关注，多轮互动之后留言者最终成为它的忠实“粉丝”。④ 第五是私信（Direct Message，简称 DM）功能。恐怖主义组织发觉到某位“粉丝”对于它的信息依赖不断加深之后，会采取直接私信的形式进行深入交流，

---

① J. M Berger, “How ISIS Games Twitter”, *The Atlantic*, June 16, 2014, http://www.theatlantic.com/international/archive/2014/06/isis－iraq－twitter－social－media－strategy/372856/, 2020－07－11.

② Cunningham Daniel, *The ISIL Twitter Narrative*, CA: Defense Analysis Department, Naval Postgraduate School, November 11, 2014, p. 11.

③ Michael K. Nagata, “In Battle to Defang ISIS”, *New York Times*, December 29, 2014.

④ Anti－Defamation League, “Hashtag Terror: How ISIS Manipulates Social Media”, *Combating Hate: International Extremism & Terrorism*, July 11, 2014. p. 2.

以加固与该“粉丝”的情感联系。

上述标签功能、关注功能与转发功能是扩散性功能（构建的是“一对多”的关系网络），而回复功能和私信功能是交流性功能（构建的是“一对一”的关系网络）。恐怖主义组织网络账号一方面使用前三项功能广招“粉丝”并增强其网络影响力，另一方面利用后两项功能选择特定“粉丝”进行深入诱导，鼓励该“粉丝”成为它的坚定支持者。恐怖主义组织网络账号回帖中的语言不但起到更新战况、发泄情感、记录感想的作用，更是维系它与“粉丝”间网络人际关系的纽带。

从欧洲各国城市的多起恐怖主义袭击事件可见，恐怖主义组织越来越多地使用社交媒体平台进行互联网宣传与进攻。这一现象揭示了现有互联网法律政策亟待进行改革，要求从强调自由权利的匿名制度，转向采用更严格倾向于公民责任的实名制度。例如，在“数字化单一市场战略”(Digital Single Market Strategy）中，欧盟委员会引入部门法规，这将有效地对媒体机构规定特定的义务，从而要求它们对发送非法内容，比如一旦发送恐怖主义内容，必须承担相关责任。此后，欧盟委员会呼吁建立对所有非法内容完全自动删除或暂停的互联网监管机制。

在线媒体中存在“互联网战争”（netwars）的概念，是指在互联网上，恐怖主义组织中存在尽管看似规模有限、资源分散、没有规章，实则在网络化实践中，通过新的电脑技术定义了其“网络军队”（cyber army）的性质，从而增加了反恐机构对其遏制与打压的难度。恐怖主义组织使用了发布所谓官方声明和新闻更新的集中式推特账户以及来自其曾经控制省份的账户，通过社交媒体平台上传“业绩报告”“圣战者冬季刊”（jihobbyists）等。社交媒体上的“粉丝”、同情者和追随者基本上没有明显的等级结构，表明在线活动在很大程度上是“由自组织驱动的”。① 这里还必须指出的是，某些年轻女性成为恐怖主义组织的追随者。平均年龄为 20 岁左右的女性军团“坎莎旅”（al – Khanssaa brigade）就是一个典型的例子。基于互联网的高连通性与便捷性，她们在互联网上传播支持恐怖主义组织的言论。②

爵特（Garth Jowett）和唐纳（VictoriaO'Donnell）将“宣传”定义为“蓄意的、系统的、试图塑造公众的感知、操纵公众的认知和诱导公众的行为，以获得促进宣传者的预期意图为目标”。③恐怖主义组织视社交媒体为宣传自身品牌和团体极端主义意识形态的重要工具。聚焦于恐怖主义组织在社交媒体“推特”上的宣传，能了解他们动员公众与攻击政府的过程。通过观察恐怖主义组织成员发布的数千万条“推特”，我们发现数百万的“推特”用户引用了关键词“ISIS”或“ISIL”。如图 2—2 所示，通过调查恐怖主义组织“伊斯兰国”在社交媒体“推特”上的宣传活动，我们发现：从 2014 年到 2016 年，恐怖主义组织“伊斯兰国”在社交媒体“推特”上的宣传活动呈现曲线式进展。2016 年“伊斯

① Melchior, J, “ISIS Tactics Illustrate Social Media's New Place in Modern War”, *TechCrunch*, 2014, p. 1460. Retrieved fromhttp://techcrunch. com/2014/10/15/isis – tactics – illustrate – social – medias – new – place – in – modern – war, 2020 – 06 – 18.

② Pedro Manrique, Zhenfeng Cao, Andrew Gabriel, John G Horgan, “Women's Connectivity in Extreme Networks”, *Science Advances*, Vol. 2, No. 6, 2016, p. 1.

③ Garth S. Jowett, Victoria J. O'Donnell, *Propaganda & Persuasion*, California: Sage, 2012, p. 7.

兰国”在“推特”上的宣传达到最高峰。2017 年、2018 年、2019 年“伊斯兰国”在“推特”上的宣传力度开始呈现减弱的趋势，开始转向其他新型社交媒体宣传平台，但仍将“推特”视为重要推广平台之一。

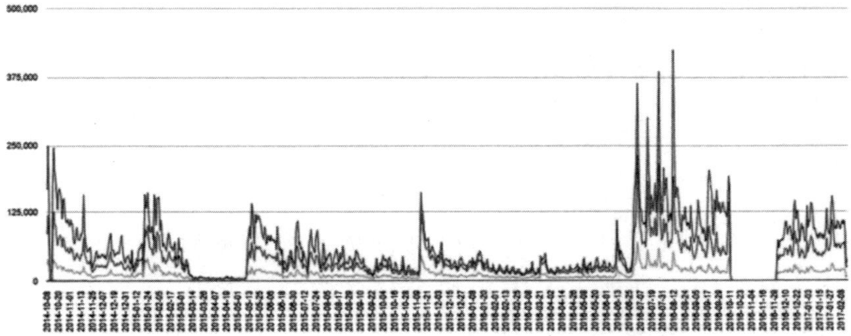


**图 2—2　“推特”用户提及“伊斯兰国”的频率①**

大约 46000 个“推特”用户同情或支持“伊斯兰国”，其中大多数用户 IP 地址显示是伊拉克、叙利亚和沙特阿拉伯，还有不少用户地址来自欧洲国家。② 当然，“伊斯兰国”支持者在社交媒体平台上具有分散性特点。社交媒体本身可以为政府提供用户信息，例如披露一些“伊斯兰国”人员的个人信息。根据伯杰（Berger）和摩根（Morgan）通过对“伊斯兰国”“推特”账户的

① http：//www. twitter. com/，2020－05－30.

② J. M. Berger，Jonathon Morgan，“The ISIS Twitter Census Defining and describing the population of ISIS supporters on Twitter. The Brookings Project on U. S. Relations with the Islamic World”，*Brookings*，2015，March，Retrieved from http：//www. brookings. edu/～/media/research/files/papers/2015/03/isis－twitter－census－berger－morgan/isis_twitter_census_berger_morgan. pdf，2021－05－30.

研究，发现“伊斯兰国”18%的追随者选择英语、6%的追随者选择法语，这是一项追踪恐怖分子组成结构的发现。① 在另一项相关研究中，米尔顿（Milton）调查了“推特”上发布“伊斯兰国”的51个用户账户内容，发现“超过80%的邮件关键内容在发布两天后被设置了自动删除”。②

事实上，社交媒体被用来作为制造欧洲各国城市的公众恐慌的工具，是恐怖主义组织在网络社会中散播恐惧和传递未来不确定性的手段。③ 这是一场心理战争。恐怖主义组织在社交媒体上将恐怖主义袭击肆意宣扬为自身强大实力和重要影响力的体现，并且利用社交媒体平台招募具有冒险精神和挑战意识的年轻人参与恐怖主义组织。恐怖主义组织通过社交媒体工具在“公众的氧气中茁壮成长”。④ 换言之，如果没有社交媒体平台的宣传，恐怖主义组织的渗透力和行动影响力将大打折扣。“从这一视角而言，恐怖主义组织的社交媒体宣传行为也是一种交流行为”⑤，“社交媒

① Castillo, W, Air Force Intel Uses ISIS Moron Post to Track Fighters. *CNN*. 2015, June 5, p. 14. Retrieved from http://www. cnn. com/2015/06/05/politics/air - force - isis - moron - twitter/, 2021 - 05 - 30.

② Milton, D, "Communication Breakdown: Unraveling the Islamic State's Media Efforts", *Combating Terrorism Center at West Point*, 2016, October 10, p. 45. Retrieved from https://www. ctc. usma. edu/v2/wp - content/uploads/2016/10/ISMedia _ Online. pdf, 2021 - 05 - 30.

③ Altheide David L, "The Mass Media and Terrorism", *Discourse & Communication*, Vol. 1, No. 3, 2007, pp. 87 - 308.

④ Wilkinson Paul, "The Media and Terrorism: A Reassessment", *Terrorism and Political Violence*, Vol. 9, No. 2, 1997, pp. 51 - 64.

⑤ Alex Schmid, Janny de Graaf, *Violence as Communication*, Beverly Hills, CA: Stage, 1982, p. 14.

体上的恐怖主义动员可以被视为一种恐怖主义组织的新型宣传方式"①。

按照这种思路，要求社交媒体公司阻止恐怖主义组织在其平台上自由传播内容显得至关重要。此后，在政府部门与反恐机构的强烈要求下，"推特"关闭了大量与恐怖主义组织相关的账户。② 研究显示，禁止恐怖主义组织在社交媒体上发布内容对该组织的存在产生了影响。最明显的影响是恐怖主义组织网络发帖量大幅下降。以恐怖主义组织"伊斯兰国"为例，2016 年 8 月，与"伊斯兰国"有关的账号发布了 194 个帖子，远远少于 2015 年 8 月的 761 个帖子。③

支持恐怖主义的活跃账户以社交媒体为工具与恐怖主义组织进行联系，并且积极传播恐怖主义组织的消息。据统计资料显示，几乎所有支持恐怖主义组织的活跃账号都用高度亲逊尼派和极端宗教言辞传播恐怖主义组织的战斗消息。笔者使用一个名为 QDA · 迈纳—沃兹塔特（QDA Miner - WordStat）的程序分析上述"推特"文字组成的语料库，确定恐怖分子最常用的推特文字类型，解读恐怖主义组织的推广模式、主题术语、常用短语、主题分类等。笔者研究发现：上述恐怖主义组织和恐怖分子的"推特"文字内

① Ethan Bueno de Mesquita, Eric S. Dickson, "The Propaganda of the Deed: Terrorism, Counterterrorism, and Mobilization", *American Journal of Political Science*, Vol. 51, No. 2, 2007, pp. 364 - 381.

② http: //www. twitter. com/, 2021 - 05 - 30.

③ Milton, D, "Communication Breakdown: Unraveling the Islamic State's Media Efforts", *Combating Terrorism Center at West Point*, 2016, October 10, p. 45. Retrieved from https: //www. ctc. usma. edu/v2/wp - content/uploads/2016/10/ISMedia_Online. pdf, 2021 - 05 - 30.

容包括报道“伊斯兰国”的战斗过程，宣传伊斯兰教的严格宗教管理理念，威胁西方大国政府和伊斯兰世俗政府，以及投射出构建“大伊斯兰国家”的乌托邦观点。

在分析恐怖主义组织与恐怖分子的语料库时，笔者发现恐怖主义组织支持者最常用的短语主要是吹嘘所谓恐怖主义组织的“胜利”或者威胁反恐部队，以及突出什叶派和逊尼派之间的教派差异并且从言语上打压什叶派。例如，“十字军和萨法维联盟”（Crusading and Safawi Coalition），“萨法维”是对什叶派的贬义词，指的是历史上16世纪和17世纪波斯人对一些阿拉伯土地的入侵，大多数什叶派阿拉伯人认为这个术语具有对他们的贬损意义。①

还有一些恐怖分子号召追随者通过发帖直接攻击特定用户，这种行为在“推特”上十分常见。其实不仅“推特”，在“优图”“脸书”上恐怖主义支持者也采取了类似的做法。②

恐怖主义组织采取的是一种基于社交媒体平台特性的新型群组传播模式。例如，许多账户采用阿拉伯语标签“值得支持的账户”（تاباسحقحتستمعدلا）。总之，恐怖主义组织的“推特”与“优图”文字主要集中在滥发和传播其所谓“成就”的新闻，对其敌人发出威胁并攻击什叶派。“推特”“优图”“脸书”等西方主流社交媒体仍然是恐怖主义组织和恐怖分子继续活跃的平台，尽管在过去的一年时间里，他们在“推特”与“优图”上的在线活动明显

① Samantha Mahood, Halim Rane, “Islamist Narrativesin ISIS Recruitment Propaganda”, *The Journal of International Communication*, Vol. 23, No. 1, 2017, pp. 15 – 35.

② Al – RawiAhmed, “Video Games, Terrorism, and ISIS's Jihad 3. 0”, *Terrorism and Political Violence*, 2016, Vol. 1, No. 1, pp. 1 – 30.

减少。

恐怖主义组织的追随者和参与者通过使用不同的标签来发送恐怖主义组织的消息。为了能在社交网络中尽可能广泛地传播消息，恐怖主义组织以同样标题与内容文字的私信会出现几十次，有时甚至几百次。通过对一些支持恐怖主义的“推特”用户进行更仔细的调查，我们发现社交媒体平台具有恐怖主义组织内部人际交流与活动协调的作用。不让其他用户关注是为了保持匿名或隐藏的身份，以达到他们在互联网上持续活跃的目标。

## 第三节　恐怖主义组织发行多语种的电子刊物招募各国青年

恐怖主义组织招募青年的关键在于如何吸引欧洲各国城市的青年注意力。因此，发行多语种的电子期刊、上传多语言的图片视频、开发多语言的软件、设置多语种的游戏程序就成为恐怖主义组织发展壮大的途径。以跨国恐怖主义组织“伊斯兰国”为例，它发行的电子期刊《达比克》（Dabiq），附加各种色彩斑斓的风景图片和各色人物照片，开发的游戏搭配多语种系统与堪比好莱坞战争大片的战斗特效，让青年们拥有亲切的参与感和模拟实战的刺激感。

以《达比克》为例，该刊于伊斯兰历1435年斋月（2014年7月）创刊，阿、英、德、法、俄五种语言版本齐发，每期大致44

页到50页。[①] 该刊设计精致、语言流畅，配合高清图示与详细解读，可谓符合大多数西方青年人的审美标准。“达比克”是“伊斯兰国”号召穆斯林抗击西方大国的旗帜，它是伊斯兰世界中一个有重要意义的地名，在《圣训》里曾多次提及，是“罗马军队”（暗喻西方大国军团）与穆斯林进行“末日决战”的关键地点，现为叙利亚北部的一个小镇。

这12期围绕着建设“哈里发国”的五个要点：建立、迁徙、聚礼[②]、尊主、顺从，这也是“伊斯兰国”的核心任务。该刊内容充斥着“伊斯兰国”战士的前线消息，也有对《古兰经》的片面解读，鼓励所有穆斯林参与“圣战”，消灭异教徒。“伊斯兰国”除了诱惑新成员到前线直接参战外，还不止一次表现出“必胜”的信心。

“伊斯兰国”最近发行的另一部重要的宣传作品题为《记者，你是“圣战”者》（Journalist，you're a Mujahid）。这本小册子形式的电子刊物，强调了媒体在“圣战”中的重要作用，它详细说明了武器化媒体工作的各个方面，认为媒体是协助“伊斯兰国”完成使命的重要工具之一。

至关重要的是，恐怖主义组织还经营着非常复杂和有组织的媒体。作为这方面的一个例子，据一位名为阿布·萨利赫的被捕人员透露，“伊斯兰国”在电子刊物宣传运营方面投入了大量精力。[③]“伊斯兰

---

① Islamic State of Iraq and the Levant, “The Return of Khilafah”, *Dabiq*, Vol. 1, 2014, p. 1.

② 聚礼仪式包括集体礼拜、听念教义演说词和讲演。

③ Al – Qudus Al – Arabi, A Journalist From ISIS Reveals the Secrets of the Media Apparatus ofthe Organization & the Professionalism of Field Coverage. 2016, November 13, Retrieved from http://www.alquds.co.uk/? p =629253, 2021 –05 –30.

国”在互联网上有专业的记者、文字编辑和图片设计师。这些记者拍摄大量高质量的图片与视频，然后把这些图片和视频发往“伊斯兰国”下属的“阿玛克通讯社”（ISIS' Amaq News Agency）。该通讯社对“伊斯兰国”记者提供的资料进行详细的编辑评论，以确保它们在传播或归档方面具有吸引力。最后这些图片和文字成为“伊斯兰国”电子刊物的素材内容。

恐怖主义组织的暴力行为具有双重特性，既是实质性的，又是象征性的。恐怖主义组织暴力行为的实质性在于其恐怖主义行动对国家政府、人民群众、商业企业都造成了难以估量的切实伤害；象征性体现在恐怖主义组织借助暴力行动来传递恐怖信息。对此，我们不难得出结论：“恐怖行动的成功几乎完全取决于它得到的宣传频次”。① 这解释了恐怖主义组织为何热衷于通过电子刊物积极传播其意识形态和各种活动信息。鉴此，恐怖主义组织使用电子刊物宣传的主要目标是制造恐惧，动员青年人支持恐怖分子的事业，扰乱国际反恐怖主义力量的努力。②

自 Web3.0 时代以来，电子刊物已被恐怖主义组织在欧洲各国城市用作广泛动员的工具。跨国恐怖主义组织已经投入大量经费用于在线宣传。例如，“伊斯兰国”自诞生以来，就通过各种宣传方法，用多种语言向各国人士进行动员宣传。这是一种“多维宣传”（multidimensional propaganda）的模式。跨国恐怖主义组织采用日趋复杂的高科技设备，诱导年轻的穆斯林教众，将电子刊物

---

① Alex Schmid, “Terrorism as Psychological Warfare”, *Democracy and Security*, Vol. 1, No. 2, 2005, pp. 137 – 146.

② Wilkinson Paul, “The Media and Terrorism: A Reassessment”, *Terrorism and Political Violence*, 1997, Vol. 9, No. 2, pp. 51 – 64.

里恐怖主义与反恐势力的斗争贴上“圣战3.0”的标签。[1] 鉴此，恐怖主义与反恐怖主义之间的冲突被恐怖主义组织通过电子刊物强行扭曲为“宗教和民族斗争”。

## 第四节　恐怖主义组织通过线上的平台或软件募集大量资金

互联网成为恐怖主义组织现在和未来重要的融资平台。恐怖主义组织在传统上利用如下几个渠道筹集资金：商业投资、利益集团赞助、捐款、勒索、诱骗慈善机构、犯罪等。互联网提供了一座跨越国界的虚拟桥梁，使恐怖主义组织的融资行为进行得规模更大、速度更快、回报更多。因此恐怖主义组织通过互联网进行融资的行为屡见不鲜，而且趋势还在持续增长。恐怖主义组织在互联网上可以通过信用卡诈骗[2]、网络毒品交易[3]、

---

① Al - Rawi Ahmed, Video Games, Terrorism, and ISIS's Jihad 3.0, *Terrorism and Political Violence*, 2016, Vol. 1, No. 1, pp. 1 - 30.

② Won Kim, Ok - Ran Jeong, Chulyun Kim, Jungmin So, "The Dark Side of the Internet: Attacks, Costs and Responses", *Information Systems*, Vol. 36, No. 3, 2011, pp. 675 - 705.

③ Monica J. Barratt, Jason A. Ferris, Adam R. Winstock, "Use of Silk Road, the online Drug Marketplace, in the United Kingdom, Australia and the United States", *Addiction*, Vol. 109, No. 5, 2014, pp. 774 - 783.

网络勒索①、网络非法购买武器和弹药②、身份盗窃③、网络洗钱等途径募集资金，④ 并且可以通过互联网在线控制和蛊惑银行从业人员，⑤ 以便在恐怖主义金融犯罪活动中加以利用。

例如，“伊斯兰国”的资金来源途径主要是石油走私交易、外部资金支持、敲诈勒索等。⑥ 这些途径的运转离不开网络支付平台。以社交网站“推特”的手机支付服务为例，恐怖主义组织的社交账号只要绑定银行卡，便可以通过手机轻松实现网络交易，十分便于资金转移。⑦ 恐怖主义组织也利用“脸书”推出的移动钱包业务，通过手机短信的形式 1 分钟内实现转账汇款。⑧ 恐怖主

---

① Zubair A. Baig, “Ransomware: Emergence of the Cyber – Extortion Menace”, 2015, Retrieved from http: //ro. ecu. edu. au/cgi/viewcontent. cgi? article = 1179&context = ism.

② Giacomo Persi Paoli, Judith Aldridge, Nathan Ryan, Richard Warnes, “Behind the Curtain: the Illicit Trade of Firearms, Explosives and Ammunition on the Dark Web. California: RAND Corporation”, 2017, Retrieved from https: //www. rand. org/pubs/research_reports/RR2091. html, 2021 – 06 – 30.

③ Emily Finch, “What a Tangled Web We Weave: Identity Theft and the Internet”, in Y. Jewkes (Ed.), Dot. cons: Crime, Deviance, and Identity on the Internet, *Collompton: Willan*, 2003, pp. 86 – 104.

④ Wojciech Filipkowski, “Cyber Laundering: An Analysis of Typology and Techniques”, *International Journal of Criminal Justice Sciences*, Vol. 3, No. 1, 2008, pp. 15 – 27.

⑤ Michelle L Storrod, James Densley, “Going Viral and Going Country: the Expressive and Instrumental Activities of Street Gangs on Social Media”, *Journal of Youth Studies*, Vol. 20, No. 6, 2017, pp. 677 – 696.

⑥ Johnston Patrick, “Countering ISIL's Financing”, *RAND Office of External Affairs*, Vol. 1, No. 11, 2014, p. 2.

⑦ Shatz Howard, “To Defeat the Islamic State, Follow the Money”, *Politico*, September 10, 2014, http: //www. politico. com/magazine/story/2014/09/to – defeat – isil – follow – the – money – 110825, 2020 – 07 – 11.

⑧ Cohen David, “Attacking ISIL's Financial Foundation”, *The Carnegie Endowment*, October 23, 2014, p. 1.

义组织通过社交网站提供的应用程序接口，与其他用户迅速交易，甚至不需要知道付款人与收款人的详细信息，一旦与其他用户对话中提到数字金额，便会自动形成超级链接，只需单击该超级链接并确认金额，即可实现网上交易。此类支付形式充分利用了移动网络技术，以多笔小规模资金流取代单笔大规模资金流，能够成功隐藏恐怖主义组织资金流动的来源与走向等信息，大大提高了恐怖主义组织筹集资金的安全性与便捷性。

暗网非法交易是恐怖主义组织的一个敛财渠道。在欧洲遭到恐怖主义袭击后，暗网在促进枪支、弹药和爆炸物贸易方面的潜在作用已引起公众越来越多的关注。但是，恐怖主义组织还在借助暗网的隐藏功能和晦涩难懂的符号代码，通过加密市场和卖方商店购买或出售各种武器及相关产品。尽管学者已经越来越多地关注到恐怖主义组织使用暗网促进非法毒品贸易，但对于暗网在非法武器贸易中的作用进行的研究并不多见。为了解决这一问题，并为反恐怖主义政策制定者和决策者提供支持，兰德欧洲公司和曼彻斯特大学设计了研究项目，以探索全球线上非法武器贸易，并着重研究暗网在助长该类非法贸易中的作用。该研究由英国冲突犯罪与安全研究合作组织（the UK Partnership for Conflict, Crime and Security Research，简称为 PaCCS）资助，主题为“跨国有组织犯罪”（Transnational Organised Crime），由经济及社会研究理事会牵头。研究的总体目标是评估加密市场上枪支及相关产品的贸易规模和范围，包括列出暗网市场上枪支及相关产品和服务出售的数量，以及枪支等相关产品的范围和类型。

上述研究成果有如下几点重要发现：一是暗网作为恐怖主义

组织在黑市上已经存在的非法武器流通的推动者，也是武器持有者转移武器的重要来源渠道之一。二是与市面上的武器交易相比，恐怖主义组织操控的暗网正在以相同或更低的价格提供性能更好、更新、更实用的枪支。三是枪支清单上几乎有60%是源自美国的产品。四是在恐怖主义组织的把持下，欧洲国家是暗网上武器贸易的最大市场。欧洲国家通过暗网进行武器非法交易的市场规模大约是美国的5倍。五是在恐怖主义组织的把控下，暗网上最常见的产品是枪支，占据所有交易武器的42%。与武器有关的数字产品占据所有交易的27%，其他包括弹药等物品占据所有交易的22%，剩余部分占据9%。六是暗网有可能成为个人（例如“独狼”式恐怖主义分子）匿名获取武器和弹药的首选平台。

非法武器贸易对欧洲各国城市反恐怖主义的执法机构和政府部门提出了进一步的挑战。这些挑战很大程度上源于个人或组织可以匿名使用暗网购买武器，也使暗网成为恐怖主义组织的敛财渠道。这对反恐怖主义政策的决策者和执法机构提出了新要求，包括调整应对策略，建立适当的互联网监管政策，提供足够的资源雇佣专业的互联网人才。当然，这一做法的目的不是为了完全否决传统的警务和调查措施在禁止非法武器交易中的作用，而是对传统措施的补充和改进。这些措施包括旨在解决非法贸易问题的传统枪支管制措施，例如有效的枪支持有者标记和记录保存，跨国追查合作以及良好的库存管理。当然，现有的打击武器贩运的国际文书也应该与时俱进，应增加在互联网领域如何操作的方式方法。

相较于传统的募集资金方式，新型恐怖主义组织通过互联网筹资，其资金来源渠道更广泛，科技化含量更高，募资方式更便捷、手段更灵活。这对欧洲各国城市的反恐怖主义机构如何应对变化提出了新难题。除了前述网络捐赠、网络敲诈、网络勒索、网络走私交易等募资途径，恐怖主义组织通过暗网操纵一个国家内部的虚拟货币交易，如通过操控比特币交易来牟利。① 恐怖主义组织的暗网操纵过程是完全加密进行的，它的成员在使用过程中不会留下任何历史痕迹并且能隐藏或经常变换 IP 地址。因此，托马斯·基恩（Thomas Kean）提出破解恐怖主义组织的互联网加密技术至关重要。②

## 第五节　恐怖主义组织建立一体化的系统与情感效忠机制

恐怖主义组织建立一体化、互联化、多样化的网络系统。阿布·贝克尔·纳吉（Abu Bakr Naji）的《残暴行政》（The Administration of Savagery）于 2004 年在网上发布，是跨国恐怖主义组织“伊斯兰国”建立极端意识形态基础的最早作品之一。在这部著作中，阿布·贝克尔·纳吉将“圣战”定义为“媒体之战”（media battles），并多次提到“欺骗性媒体光环”（deceptive media halo）

① McCoyO, “Bitcoins for Bombs”, *Council on Foreign Relations*, 2017, August 18, Retrieved from https://www.cfr.org/blog/bitcoin-bombs, 2020-08-16.

② Thomas H. Kean, Lee H. Hamilton, Nicholas Danforth, “Digital Counterterrorism: Fighting Jihadists Online”, *Bipartisan Policy Center*, March 2018, p. 1.

一词。[1] 纳吉对“基地”组织非常不满，认为“基地”组织只强调精英的重要性，而忽视了本应被重视的大众。他强调每个“组织”都有必要建立一个媒体部门，其目的是把“组织”的声音传达给大众并且让大众关注，即使这可能导致将该“组织”暴露在被反恐力量实施军事打击行动的危险中。[2]

恐怖主义组织重视互联网的作用，寻找恐怖组织本身和公众的共同点，谋求广大网友的认可，构建说服、招募、培训一体化的恐怖主义集群网络系统。例如，“伊斯兰国”利用互联网发挥如下功能：一是说服，即说服公众接受恐怖主义组织定义的极端“圣战”理念。二是招募，即招募恐怖主义组织的新成员且告诫公众不得加入反对阵营。恐怖主义组织通过电子期刊告知公众，会对新加入的成员提供经济支持，对不加入的人毫不留情，即赏罚分明。三是培训，恐怖主义组织在互联网上发布指导性视频，为新成员提供速成课程。课程内容包括但不限于如何使用暗网（Tor网络）和虚拟专用网络（VPNs）来进行沟通。例如，在“伊斯兰国”发布的视频里，讲述者提供了以下建议：“您需要将文件共享到网站；在‘推特’的正文中发布链接，并在其余部分添加标

① Wright L.，“The Master Plan：For the New Theorists of Jihad，Al Qaeda is Just the Beginning”，*The New Yorker*，2006，September 11，Retrieved from http：//www. newyorker. com/magazine/2006/09/11/the - masterplan? currentPage = all，2020 - 08 - 16.

② Naji，A. B.，“The Management of Savagery：The Most Critical Stage Through Which the Umma Will Pass”，Translated by William McCants. *John M. Olin Institute for Strategic Studies at Harvard University*，2006，Retrieved from https：//azelin. files. wordpress. com/2010/08/abu - bakr - naji - the - management - of - savagery - the - most - criticalstage - through - which - the - umma - will - pass. pdf，2020 - 08 - 16.

签”。培训视频甚至直言不讳地说“你的推文就是你的武器”，并认为“在‘推特’上发动舆论战争中的人和在真实战场上战斗的人同样重要”。①

“伊斯兰国”的互联网扩张从中东地区转向欧洲各国城市，招募的恐怖分子也从外来难民转向欧洲青年，这一趋势亟需学界思考应对。笔者提出互联网时代恐怖分子的“效忠机制”，引入情感价值与效忠转移作为研究变量，认为正是在恐怖组织的互联网诱导下，这些青年的情感价值才会发生变化。他们的品牌情感定位与社会功能价值感变化，最终抛弃国家信仰转而投向恐怖组织的怀抱，实现了情感上的效忠转移。

近年来，欧洲籍“伊斯兰国”恐怖分子频繁制造恐怖袭击事件，欧洲各国城市从安全的国度变为恐怖袭击的头号目标，这一现象发人深省。德国内政部长托马斯·德梅齐埃（Thomas de Maizière）表示：“德境内恐怖分子的数量再次增加，已经超过了650个。”此外还有1000多人处于警方的监控中，他们被认为是潜在的危险分子。28岁法国恐怖分子萨米·阿米穆尔、29岁的伊斯梅尔·奥马尔·莫斯特费、20岁的比拉尔·哈德非和27岁的比利时人阿卜杜勒·哈米德·阿巴乌德等，制造了震惊全球的“11·13巴黎恐怖袭击事件”，并宣称向“伊斯兰国”效忠。居住在东伦敦巴尔金地区的27岁英国公民胡拉姆·布特带领其他恐怖分子制造了“6·3伦敦自杀式恐怖袭击”。

---

① O'Neill, P. H, "How ISIS Trains Militants in Online Security", *The Daily Dot*, 2016, February 2, Retrieved from http://www.dailydot.com/layer8/isis-aef-nsa-snowden-video/, 2020-07-30.

这些欧洲籍恐怖分子在发达国家成长并受到良好教育，为何背弃自身的国家信仰，转向效忠“伊斯兰国”且为其舍生忘死，甚至不惜伤害自己的祖国和同胞？笔者根据事后反恐怖主义机构的调查数据得知，这些恐怖分子与“伊斯兰国”的首领巴格达迪素未谋面，部分恐怖分子甚至在事发前给亲朋好友的印象是善良温和的。他们到底经历了怎样的心理变化，为何会最终选择效忠“伊斯兰国”？这是一种怎样的效忠转移过程，是学界亟待解决的研究课题。

“效忠”作为国际关系理论的专业术语，最早出自新功能主义的一体化研究。新功能主义的代表人物厄恩斯特·哈斯（Ernst B. Haas）认为，通过学习和外溢最终能实现效忠转移。但哈斯过于强调物质层面的制度化，忽略了“效忠”本身的情感意义。“效忠”应该是国际关系情感研究的范畴，浅层面的效忠是一种忠诚，深层面的效忠源于行为体的认同和爱。因此，行为体效忠转移的最终实现条件应该是其情感的变化，而并非由于物质吸引或制度安排。

从现实研究层面来看，上述欧洲籍恐怖分子在“伊斯兰国”的网络动员下宣誓效忠，或是不远万里奔赴“伊斯兰国”前线战斗，或是甘做“人肉炸弹”伤害祖国同胞，他们背后的动因绝不仅仅是物质因素，更多的是基于情感上的联系。他们正是在“伊斯兰国”的网络情感攻势下，被培养成为恐怖袭击的新生代力量。

当前恐怖分子不再只是吃不饱穿不暖的下层平民，他们在西方发达国家接受教育，家庭背景良好，有些人曾有一份不错的工作和令人羡慕的社会地位，加入恐怖组织的动机引人关注。如前述巴黎恐怖袭击的主谋之一比利时人阿卜杜勒·哈米德·阿巴乌德，他曾经接受过私立学校的教育，深得父母宠爱，但这位物质条件优越的年轻人，最终决定抛弃一切效忠“伊斯兰国”。据他的邻居回忆，“他的父母都不信教，也很少去清真寺，他喜欢带蓝色的棒球帽，很时尚，在这个社区很有人气。”这样一个曾经在父母邻居眼中的时髦青年，却最终成为一名恐怖分子。

叙事结构是解读恐怖主义行为的一种视角。正如欧洲大学奥利维·罗伊教授所指出的，目前所见到的年轻的国际主义“圣战者”的激进行动当中，我们鲜少看到传统意识形态的影子，促使他们采取飞蛾扑火之举动的，是一段叙事，一段关于全球广大穆斯林受苦受难的叙事。同时，恐怖袭击的信念在于“救赎”的实现，“复仇”可以成为英雄，可以逃离现实的无法立足的世界，而且获得“荣誉”。从现有关于“伊斯兰国”的研究成果来看，国内外学者已经从意识形态叙事与比较叙事的视角展开研究。①

上述成果颇有新意，但其研究视角单方面限定在传播方——“伊斯兰国”之上，侧重分析“伊斯兰国”如何“教”，而甚少关注行为体如何“学”，研究路径多是单向传播路径，忽略了互联网时代频繁出现的双向互动与多向互动视角。而且上述成果都忽视了恐怖主义实施者的心理认知因素，鲜少涉及恐怖组织与招募者的心理匹配程度，更没有分析他们的心理认知变化——“恐怖主

① Graeme Wood, “What ISIS Really Wants”, *The Atlantic*, Vol. 315, No. 2, 2015, pp. 78 - 94；李捷、杨恕：《“伊斯兰国”的意识形态：叙事结构及其影响》，《世界经济与政治》，2015 年第 12 期，第 4—27 页；周明、曾向红：《适当性逻辑的竞争：“基地”与“伊斯兰国”的架构叙事》，《世界经济与政治》，2016 年第 4 期，第 80—111 页。

义化”，而这才是我们研究的关键。只有从人的心理因素出发，才能深层次解读人的行为，即解读恐怖主义实施者的心灵，才是理解他们做出恐怖主义行为的钥匙。[①] 因此，笔者尝试从非传统安全研究视域出发，结合互联网背景探讨防恐怖主义、反恐怖主义的方案。

恐怖主义组织的互联网攻势造就了它巨大的影响力。新型恐怖主义组织与传统恐怖主义组织不同，其战略目标不仅是招募一支能威胁西方大国的武装力量，还希望通过网络构建一个较为完整的社会体系，其网络招募对象主要瞄准西方国家第二代穆斯林移民家庭、极端人士家庭、问题青年。它在占领的土地上宣布成立“哈里发国”，并致力于在互联网上扩大影响，像网络病毒一样急速扩散，危及整个中东地区乃至全球的稳定。

之前有不少极端组织，例如利比亚的“伊斯兰教法守护者”（Ansar al – Shari'a in Libya）、尼日利亚的“博科圣地组织”（Boko – Haram）等，纷纷表示愿意听从前“伊斯兰国”领袖巴格达迪的指导。[②] 此外，一些分裂组织、非法武装也在互联网上陆续表示将模仿“伊斯兰国”等恐怖主义组织发布“成果公报”。[③]如前所述，“成果公报”是新型恐怖主义组织通过网络定期公布的“年度公报”与“季度公报”，使用阿拉伯语、英语、俄语、法语等多种

① 尹继武：《恐怖心灵的逻辑与反恐战争的路径》，《领导科学》，2010年第6期，第56—57页。

② Al Jazeera, “ISIL Accepts Boko Haram's Pledge of Allegiance”, *Aljazeera*, March 13, 2015, http://america.aljazeera.com/articles/2015/3/13/isil – accepts – boko – haram – pledge – of – allegiance.html, 2021 – 05 – 13.

③ Islamic State of Iraq and the Levant, “From the Battles of Al – Ahzāb to the War of Coalitions”, *Dabiq*, Vol. 1, No. 11, 2015, p. 5.

语言，其宣传内容丰富且形式新颖，极具煽动性。① 它的“年度公报”从章节设计到具体用词都煞费苦心，表述句式多使用感叹句、肯定句、陈述句等以增加感染力与说服力，在描述恐怖主义组织的作用时，多使用“战胜”“捍卫”“构建”等动词。② 它的“季度公报”则更为细致生动，一般是对它在4个月内的各类“成就”进行分类整理，内容涉及建立商业机构、创办宗教学校、招收宗教学员、构建石油走私产业链与从事各种社会工作等。③ 它的上述“成果公报”是其形象塑造的工具，激发了地区多个极端组织的模仿热情。相比传统恐怖主义组织的建立培训基地、构建宗教社团、印刷并发放学习资料等传统形式，新型恐怖主义组织的互联网攻势大大降低了成本投入。

新型恐怖主义组织利用近年来中东国家失业率飙升等一系列社会不稳定因素，在互联网上广招青年成员，威胁国家安全。④ 它们在互联网上利用宗教的吸引力来感召新成员，宣称其首领是所谓的“真主的代言人”⑤，称呼成员是所谓的“最靠近真主且为真

① Andrey Stenin, “The Self - Proclaimed Islamic State Terror Group on Tuesday Launched an English - Language News Bulletin on Its Al - Bayan Radio Network”, *Sputnik News*, April 8, 2015, http://sputniknews. com/middleeast/20150408/1020597729. html, 2021 - 07 - 08.

② Islamic State of Iraq and the Levant, “From Hypocrisy to Apostasy”, *Dabiq*, Vol. 1, No. 7, 2015, p. 21.

③ Terrence McCoy, “Dabiq: The Apocalyptic Magazine the Islamic State Uses to Recruit and Radicalism foreigners”, *Sydney Morning Herald*, September 17, 2014, p. 2.

④ Islamic State of Iraq and the Levant, “Just Terror”, *Dabiq*, Vol. 1. No. 12, 2015, p. 25.

⑤ Islamic State of Iraq and the Levant, “From the Battle of Al - AHZAB to the War of Coalitions”, *Dabiq*, Vol. 1, No. 11, 2015, p. 2.

主而战的英勇斗士”①，鼓励新加入成员不惜任何代价来完成所谓的“圣战事业”与“建国理念”。这些青年充满宗教热情但本身又对宗教知识一知半解，平时习惯于从各种社交网站与“贴吧论坛”中获取信息，极易被煽动。他们在网络上津津乐道各种所谓“壮举”，在摄像机镜头前歪头嬉笑，将《古兰经》语录贴满整个房间，把参与“圣战”视为一种“时尚”，程序化地重复互联网对他们传授的所谓“正统教义”。此外，网络鼓吹所有穆斯林应该对异教徒采取残酷暴力手段，消灭拥有悠久历史传统的基督教社群，奴役混杂教义和地方信仰的雅兹迪民族等，都是政府部门和反恐机构亟需关注和处理的。②

除了中东国家，欧洲国家的青年也是“伊斯兰国”的网络招募对象。根据数据统计，“伊斯兰国”有2500名俄罗斯人、488名英国人、412名法国人、296名比利时人、240名德国人、152名荷兰人、95名西班牙人、84名丹麦人、80名瑞典人、60名奥地利人、50名意大利人、40名挪威人、20名芬兰人等。③ 这些被“伊斯兰国”通过网络煽动的欧洲各国青年，受到战争的洗礼之后，大部分人会以难民身份回到他们的原居地，对他们所在国的政府构成更大威胁。欧洲刑警组织负责人罗布·温赖特（Rob Wainwright）表示：“众多‘伊斯兰国’恐怖分子来自海外，他们

---

① Islamic State of Iraq and the Levant, “From Hypocrisy to Apostasy”, *Dabiq*, Vol. 1, No. 7, 2015, p. 1.

② Islamic State of Iraq and the Levant, “They Plot and Allah Plots”, *Dabiq*, Vol. 1, No. 9, 2015, p. 2.

③ Washington Post, Financial Action Task Force, Financing of the Terrorist Organization Islamic State in Iraq and the Levant (ISIL) Report, 2015, pp. 24 – 32.

回国后会在自家门口制造事端。”① 以对俄罗斯的威胁为例，2500名北高加索人在叙利亚和伊拉克参加“伊斯兰国”的恐怖活动，这些人返回俄罗斯后可能会在俄罗斯境内直至首都莫斯科进行连环恐怖活动。②“伊斯兰国”在互联网上蛊惑这些青年：“西方大国是恐怖主义”“基督教是万恶之首”“伊斯兰教受到威胁”“我们的战士都是英雄”等。③ 这些极端表述在互联网上有一定影响力，参与“伊斯兰国”的欧洲国家青年越来越多。

“伊斯兰国”通过互联网招募的欧洲国家成员将威胁欧洲各国城市的安全。据伦敦警察厅厅长伯纳德·霍根·豪（Bernard Hogan - Howe）称，“‘伊斯兰国’的英籍成员多达一半是伦敦人，他们会以难民方式回到伦敦，这些人已经变得激进化、军事化、暴力化，会对伦敦建筑设施与社会场所实施恐怖袭击”。④

“伊斯兰国”通过网络招募的欧洲国家成员与传统恐怖分子不同，他们并非为了直系亲属复仇而加入，往往怀有“远大”的目

① David Barrett, “Up to 5000 Europeans Pose Terror Threat After Going Abroad to Fight Jihad”, *The Telegraph*, January 13, 2015, http://www.telegraph.co.uk/news/uknews/terrorism - in - the - uk/11343597/Up - to - 5000 - Europeans - pose - terror - threat - after - going - abroad - to - fight - jihad.html, 2021 - 07 - 10.

② Olga Khrustaleva, “Russia's Burgeoning ISIL Problem”, *Aljazeera*, December 10, 2014, http://www.aljazeera.com/indepth/features/2014/12/russia - burgeoning - isil - problem - 20141297415936963.html, 2021 - 07 - 10.

③ Frontline, “The Rise of ISIS”, *The Corporation for Public Broadcasting*, October 28, 2014, http://video.wpt.org/video/2365356572/, 2021 - 07 - 10.

④ Justin Davenport, “Half of British Jihadist Rebels Are Londoners”, *Standard*, August 14, 2014, http://www.standard.co.uk/news/london/half - of - british - jihadist - rebels - are - londoners - 9669097.html, 2021 - 07 - 10.

标，因此显得更加无所畏惧。“伊斯兰国”还建立多元化的网络保证机制来规范这些成员的忠诚问题。比如“伊斯兰国”要求这些成员通过网络视频向其首领宣誓效忠，也会定期通过网络邮件形式发放各类调查问卷，要求成员搜集并汇报所在国的最新情况，鼓励成员提出自己设想的恐怖袭击方案。

新型恐怖主义组织在欧洲各国城市建立了分支机构等。[①] 在遵循恐怖主义组织的极端信仰前提下，赋予这些境外分支广泛的执行权。这些境外分支只需上级恐怖主义组织机构给出大致目标，就可以自行选择具体的执行方案，通过网络系统就可获得行动授权，并不断衍生出更多的小集团。分支恐怖主义组织机构制造的恐怖袭击案件也不需要针对具体的打击对象，只需要造成社会动荡并借助互联网不断扩大影响，就实现了它的目标。如“伊斯兰国”法国分支制造了 197 人死亡的巴黎恐怖袭击案件。[②]

恐怖主义组织除了通过互联网平台积极构建上述欧洲各国城市的分支机构，也在南亚、东南亚地区极力扩张新阵地。“伊斯兰国”通过互联网宣称其南亚分支机构正式成立，把阿富汗全境、巴基斯坦大部分地区列入它新成立的“呼罗珊省”（Khorasan）。[③] 据阿富汗等国政府反映，目前“伊斯兰国”在阿富汗等地建立了

---

① Islamic State of Iraq and the Levant, “The Rafidah from Ibn Saba’ to the Dajjal”, *Dabiq*, Vol. 1. No. 13, 2016. p. 2.

② New York Times, “Paris Attacks: What We Know and Don’t Know”, November 14, 2015, http: //national. suntimes. com/world – news/7/72/2126579/paris – attacks – what – we – know – and – dont – know, 2021 – 07 – 10.

③ Islamic State of Iraq and the Levant, “From the Battles of Al – Ahzāb to the War of Coalitions”, *Dabiq*, Vol. 1. No. 11, 2015. p. 3.

多个武装训练营，范围遍及巴达赫尚省、昆都士省等。[①] 此外，“伊斯兰国”把东南亚地区也列为其重要扩充阵地，重点集中在穆斯林人数众多的马来西亚和印度尼西亚，联合当地伊斯兰激进分子，策划让不遵循伊斯兰教法的东南亚世俗政府倒台。[②] “伊斯兰国”通过网络遥控其东南亚分支机构制造了印尼恐怖袭击案，共造成7人死亡、17人受伤，该案在印尼首都雅加达市中心发生，爆炸事发地距离联合国驻雅加达办事处仅一街之隔，附近有不少高级写字楼和五星级宾馆，也是外国使领馆的所在地。[③]

整体来说，恐怖主义组织的互联网攻势不仅威胁到都市安全与国家安全，还助其建立了全球分支机构与跨境网络联系平台。随着恐怖主义组织在互联网领域的不断扩张，其在全球恐怖主义组织中的号召力不断提升，引发更多恐怖主义组织的效仿，并实现旗下各分支成员间高效、便捷的沟通与协作，将制造更多跨境恐怖袭击案件。

由上可知，我们需要有一个行之有效的反恐怖主义方案，来限制和打击恐怖主义组织攻击欧洲各国城市的能力与互联网动员的行为。这就需要联合政府、企业、学者、公众的力量。通过人工智能技术定位并移除恐怖主义组织的互联网支持者，以阻止他

---

① Martin Berger, “ISIL in Afghanistan”, *New Eastern Outlook*, December 13, 2015, http: //journal - neo. org/2015/12/13/isil - in - afghanistan/, 2021 - 07 - 10.

② Islamic State of Iraq and the Levant, “The Rafidah from Ibn Saba’ to the Dajjal”, *Dabiq*, Vol. 1, No. 13, 2016. p. 5.

③ The Telegraph, “Jakarta Attacks: Three Men Arrested and ISIL Flag Found at Attacker’s Home”, January 15, 2016, http: //www. telegraph. co. uk/news/worldnews/islamic - state/12101043/Jakarta - attacks - Three - men - arrested - and - Isil - flag - found - at - attackers - home. html, 2021 - 07 - 10.

们访问互联网的账户和社交媒体的页面，需要反恐怖主义机构与社交媒体平台的共同持续努力。个别社交媒体平台称“已开始使用人工智能技术检测和删除与恐怖主义组织相关的内容”。① 然而，试图完全阻止恐怖主义组织对大国首都的互联网渗透难度巨大。因为恐怖主义组织的成员非常活跃，他们在不同的网络平台传播宣传材料，动员广大网友攻击欧洲各国首都政府。鉴此，反恐怖主义机构要在互联网上击败恐怖主义组织对首都的渗透，必须首先通过网络积极反驳它的极端宗教理念与意识形态。由于目前“伊斯兰国”等恐怖主义组织在线下地面上的失败和损失，预计恐怖主义组织将继续在线上寻找发展机遇。今后也可能改变使用像“#ISIS#”和“#ISIL#”这样的标签，灵活选择更加多样化的标签，以增加其隐匿性与灵活性。

欧洲各国城市的政府部门与反恐机构对恐怖主义组织使用关键词屏蔽等技术手段也存在特殊的局限性。尽管在人工智能的技术帮助下，屏蔽词数据库功能已非常强大，但在每时每刻不断更新的语料库数据中，要搜索并迅速甄别恐怖主义组织和普通人的言论并及时删除恐怖分子的言论还是一项艰难的挑战。恐怖主义组织和恐怖分子为了躲避监管，特意稍稍改变了一下某个关键词。例如，恐怖分子故意将阿尔·扎瓦西里这个名字拼错，即把“Al－Zawahiri”拼成“Al－Zawaritti”。尽管不同的用户在社交媒体上转发超过100次，但该条消息始终没有被屏蔽词数据库检索到。此外，与

① Bickert, M. , & Fishman, B, “Hard Questions: Are We Winning the War On TerrorismOnline?”, *Facebook*, 2017, November 28, Retrieved from https://newsroom. fb. com/news/2017/06/how－we－counter－terrorism/, 2020－06－01.

社交媒体平台在前台不主动披露用户的地理位置信息有关，这增加了反恐怖主义机构追踪恐怖分子所在地的难度。

互联网公司本身也可以为反恐怖主义事业贡献力量，且它们已经取得一定成效，增加了恐怖主义组织在线推广的难度。尽管如此，彻底根除恐怖主义组织的在线活动几乎是不可能的。因为，恐怖主义组织和恐怖分子总是能想方设法地找到替代方法，来绕开互联网封锁且推广极端“圣战”的理念，建构说服、招募、培训一体化的互联网系统。

综上所述，尽管政府部门对互联网颁布了针对恐怖主义组织的禁令，然而，恐怖主义组织仍然连续袭击欧洲各国城市，活跃于主流社交媒体平台与网站，并且在不断寻找新兴的社交媒体工具。例如，恐怖主义组织和恐怖分子开始使用在线文本和博客后台编辑器（justpasteit. com）、线上档案馆（archive. org）等。此外，恐怖主义组织热衷于开发各种移动应用程序，以宣传他们的极端“圣战”视频、暴力书籍、斩首图像等为目标。这些网站和程序相较于成熟的主流社交媒体平台与主流网站而言，更具有隐匿性也更难被国际反恐机构锁定。在上述讨论的基础上，基于对文献的回顾和关于恐怖主义组织攻击欧洲各国城市与网络宣传的新趋势，笔者后续将分析应对路径与解决方案。

# 第三章　非传统安全视域下欧洲反恐怖主义中心的系统构建①

随着互联网的发展与社交网站的普及，即便恐怖主义组织的部分网络账号被外国政府封锁，但基于互联网中个体的隐匿性，欧洲各国城市的政府部门很难追踪到具体发布者的详细信息，恐怖主义组织又可以重新注册大量账号，其网络影响力仍会长期存在。恐怖主义组织今后将在网络招募成员导向、网络人员技术化、网络宣传形式等方面进一步演化。

恐怖主义组织社交网络账号的最新关注对象是年轻女性。恐怖主义组织在社交网站上招募年轻女性的策略非常有针对性。一是恐怖主义组织编造"快乐童话"引诱天真女生。恐怖主义组织在上传的预告短片中，使用多彩鲜花、精致布娃娃和甜蜜巧克力等内容，目的就是让潜在女性招募对象误认为恐怖主义组织控制区内的生活十分单纯美好，这对诱骗长期生活在战乱区域的女生格外奏效。② 二是恐怖主义组织以冒险体验为卖点吸引叛逆女性。

---

① 本章部分内容笔者发表于《社会科学》，2019年第5期，第3—11页。

② Elizabeth Pearson, "What is Luring Western Women to Syria to Join ISIL", *Telegraph*, February 23, 2015, http://www.telegraph.co.uk/news/worldnews/islamic-state/11429118/What-is-luring-Western-women-to-Syria-to-join-Isil.html, 2021-06-30.

恐怖主义组织宣传“圣战”是一场现实社会中难得的刺激体验，号召少女们唯有参与“圣战”才不会虚度青春。① 三是恐怖主义组织将构建情感联系诱惑浪漫女性。恐怖主义组织中英勇帅气的男性成员在社交网站上贴出个人照片和“女粉丝”互动，年轻“女粉丝”被这些人的外表诱惑，奔赴战区做所谓的“圣战新娘”。②

对恐怖主义组织来说，招募年轻女性对提升成员士气大有裨益。恐怖主义组织能够“义正言辞”地宣称：“年轻姑娘选择我们而不是西方。”③ 对于上述年轻女性而言，加入恐怖主义组织是一种反抗父母以及社会权威的方式。这些年轻姑娘用参与恐怖主义组织的形式来表达自己青春期的叛逆。在她们的想象里，这就是摇滚音乐与“朋克风格”，蒙面意味着神秘，胡须象征着性感。④

恐怖主义组织的网络人员正在趋向技术化。这些技术人员能够熟练使用多语种推送信息，负责维护恐怖主义组织在各社交网

---

① Nancy Soderberg, “ISIL Targeting Youth Using Social Media”, *First Coast News*, February 25, 2015, http: //www. firstcoastnews. com/videos/news/local/2015/02/25/24039089/, 2021 -06 -30.

② London - based Counter - Terrorism Think - Tank, “ISIL Grooming Schoolgirls as Volunteer Brides for Jihad”, Euro News, February 26, 2015, http: //www. euronews. com/2015/02/26/isil - grooming - schoolgirls - as - volunteer - brides - for - jihad/, 2021 - 06 -30.

③ Mattk Lewis, “Three London Girls to Become ISIS Brides: But Why?”, *Daily - caller*, February 23, 2015, http: //dailycaller. com/2015/02/23/three - london - girls - to - become - isis - brides - but - why/, 2021 -06 -30.

④ Elizabeth Pearson, “What is Luring Western Women to Syria to Join ISIL”, *Telegraph*, February 23, 2015, http: //www. telegraph. co. uk/news/worldnews/islamic - state/11429118/What - is - luring - Western - women - to - Syria - to - join - Isil. html, 2021 -06 -30.

站上的账号，及时更新内容并向“粉丝”发送点对点信息。① 他们在推广信息过程中灵活运用@符号和#符号，熟悉数码技术并引导网络舆论。他们正在组建“伊斯兰国”的专业黑客组织，囤积包括恶意软件、木马程序等在内的网络攻击工具，以拥有对西方大国实施网络攻击的能力。恐怖主义组织的网络技术人员先后入侵了《阿尔伯克基日报》（Albuquerque Journal）的官方网站和社交媒体账号，更改了《新墨西哥州山景电讯报》（New Mexico's Mountain View Telegraph）网站的头条标题，攻击了马里兰州第16电视频道的网站，② 还挑衅了法国国际电视台，导致该台11个电视频道的信号传输在凌晨全面瘫痪，该台官方网站以及社交媒体账户均出现“伊斯兰国”的宣传信息，直至当日下午6时才全面恢复正常。③

恐怖主义组织的技术人员在互联网上发布公告、提供信息、频繁互动、表达观点与分享经验。他们还试图制作智能手机客户端，通过客户端向用户发布最新信息。④ 巴黎检察官办公室通过追踪网络足迹，发现恐怖主义组织的网络技术人员至少由三部分组

① Joint Intelligence Bulletin, "ISIL Social Media Messaging Resonating with Western Youth", *Unclassified for Official Use Only*, February 27, 2015, https://publicintelligence.net/dhs-fbi-social-media-isil/, 2021-06-30.

② Islamic State of Iraq and the Levant, "Just Terror", *Dabiq*, Vol. 1, No. 12, 2015, p. 29.

③ Seamus Kearney, "French TV Network and Websites Taken Over in Hacking Attack Claimed by ISIL", *Euro news*, April 9, 2015, http://www.euronews.com/2015/04/09/french-tv-station-and-websites-taken-over-in-hacking-attack-claimed-by-isil/, 2021-06-30.

④ Christopher M. Blanchard, "The Islamic State and U. S. Policy", *Congressional Research Service*, December 8, 2015, p. 18.

成：一部分人员在阿尔及利亚和埃及制作恶意软件，一部分人员在伊拉克和叙利亚提供幕后跟进，另一部分人员在法国、英国、德国等国负责实时监控。① 上述情况标志着恐怖主义组织的网络技术人员注重分工合作，技术能力也达到了一个新的高度。

恐怖主义组织采用更加多样化的网络宣传形式，对它的极端思想进行巧妙包装。它开始尝试制作特技效果与火爆场面都堪比好莱坞大片的“战争视频”。② 在恐怖主义组织推出的新款网络游戏“圣战模拟器”（Jihad Simulator）③中，它将搭配多种虚拟武器装备与多语言系统，向青年成员传达参与“圣战”是一项有趣的“游戏体验”。④ 为了迎合青年群体频繁使用手机上网的情况，恐怖主义组织还在积极开发各种移动应用软件供用户免费下载，涵盖内容包括介绍所谓“奋斗史”、宣传“哈里发”的回归、描述十个加入的理由、蒙面女郎、展示美食等。⑤ 它结合移动手机功能与应用软件设置，抛弃传统的线性宣传模式，即“发布信息—接受信息”的单向模式，转变为多向的信息运作模式，即“发布移

---

① News Hour, “French Global TV Network is Back on Air after Hacking by ISIL”, April 10, 2015, http: //www. newshour. com. bd/2015/04/10/french – global – tv – network – is – back – on – air – after – hacking – by – isil/, 2021 – 06 – 30.

② Islamic State of Iraq and the Levant, “The Rafidah from Ibn Saba’ to the Dajjal”, *Dabiq*, Vol. 1, No. 13, 2016, p. 3.

③ David Shamah, “Twitter tricks: How ISIS Pulls in the Kids”, *The Times of Israel*, September 21, 2014, p. 1.

④ U. S. Government Publishing Office, “The Evolution of Terrorist Propaganda: the Paris Attack and Social Media”, *U. S. Government Publishing Office Report*, January 27, 2015, p. 2.

⑤ Anti – Defamation League, “Hashtag Terror: How ISIS Manipulates Social Media”, *Combating Hate: International Extremism & Terrorism*, July 11, 2014, p. 2.

动应用—使用移动应用—推广移动应用”，向相关议题不断拓展延伸，强调“发布者”“使用者”“推广者”之间的互动。

除了前述社交网站，恐怖主义组织开始关注“迪亚斯波拉”（Diaspora）、“杰酷”（Jaiku）、“噗浪”（Plurk）等新兴社交网站，它只需灵活运用这些新兴社交网站上的各种功能，就能轻松表达观点且对访问者的留言进行回复。①“迪亚斯波拉”是开放性社交网站，其社交圈影响力与日俱增，与“脸书”等较为成熟的社交网站相比，其流动性与自由性更为突出，该网站的数据并非存储在中央服务器上，其工作人员无法访问用户的私密信息或直接查禁个人账号，这是“迪亚斯波拉”吸引恐怖主义组织的首要原因。“杰酷”是一个基于社交网站的微型部落，其网络运作方式类似于“推特”，一旦恐怖主义组织的“推特”账号被封，可以通过“杰酷”继续进行网络动员。“噗浪”是支持多种语言的社交网站且在多国上市，恐怖主义组织可以通过它进行跨国网络动员。

新型恐怖主义组织的互联网攻势值得政界与学界共同研究。它借助社交网站功能诱导公众，依托网络支付筹集大量资金，通过网络影音图像、电子刊物等煽动恐怖袭击，影响力与战斗力大幅提升。在新型恐怖主义组织的影响下，青年群体通过互联网接受它灌输的极端思想，成为支持恐怖主义的主力军，他们的特点是擅长使用新媒体，比上一代灵活思变，威胁性更强。由于网络消息巨大的浏览量和转发量，新型恐怖主义组织灌输的极端思想

---

① Institute for the Study of War, “ISIS’s Global Strategy: a War game”, *Middle East Security Report*, July 28, 2015, p. 26.

很难在短期内消除，这就使青年群体发生分化，使部分青年观念中第一位的不再是国家主义，而是新型恐怖主义组织的利益，成为所在国、所在城市政府部门的敌人。

综上所述，近年来，活跃在欧洲的恐怖主义组织呈现网络化与高科技化趋势，这就要求反恐机构也走向智能化。鉴此，欧洲反恐怖主义中心成立并构建跨国“智慧反恐”系统。该系统涵盖三个具体领域：智能信息整合与宣传、智能数据采集与识别检测、智能决策与模拟应用。智能信息整合与宣传包括共享反恐信息，编制恐怖主义组织的网络结构图，上传反恐数据包，在线巡查网络恐怖主义、宣传反恐理念；智能数据采集与识别检测涵盖开发应用程序，在线采集恐怖分子图片，将图片转换为数据，上传图片数据到云端，研发政府的智能防火墙，推广微表情测谎与虹膜识别；智能决策与模拟应用包括建立模仿人类反恐专家决策过程的计算机系统、普及智能决策支持系统，加大力度研发反恐机器人、反恐无人机和无人驾驶汽车等。笔者通过分析欧洲反恐怖主义中心构建人工智能反恐系统的过程与规划，以期增进国内学界对人工智能如何应用于反恐领域的认知，并为中国反恐机构将来如何构建“智慧反恐”、防恐系统拓展思路。

## 第一节　非传统安全视域下欧洲城市“智慧反恐”的背景

欧洲各国城市频繁发生的恐怖主义袭击案件表明，恐怖主义组织的意图和能力发生显著变化，其互联网化与高科技化能力显现。在这一背景下，构建统一的“智慧反恐”中心显得迫在眉睫。2016 年 1 月 1 日正式成立并开始运作的欧洲反恐怖主义中心（European Counter Terrorism Centre – ECTC）就是一个应时而生的“智慧反恐”平台。本章节在研究该中心的反恐报告和反恐实例的基础上，对其“智慧反恐”的工作要点与战略规划进行分析。

通过对欧洲多起恐怖主义袭击案件的追踪分析，我们不难发现恐怖主义组织的运作过程呈现网络化与高科技化趋势。这具体表现在如下三个领域：一是恐怖主义组织的网络攻击呈现高科技化趋势；二是恐怖主义组织的网络宣传招募呈现多样化现象；三是恐怖主义组织的通信联系网络呈现隐秘化取向。

第一，恐怖分子使用恶意软件入侵政府机构、新闻媒体的计算机系统或移动设备，窃取有价值的信息或损坏数据。活跃在欧洲的恐怖分子使用多种恶意软件：如僵尸网络（Botnet）、根病毒（Rootkit）、蠕虫病毒（Worm）、假冒的防病毒软件（Scareware）、恶意广告软件（Adware）、远程木马病毒（Remote Access Trojans）等。① 僵尸网络是指挥和控制被感染的计算机发送垃圾邮件的软件。根病毒是一组程序，它能使攻击者伪装成为系统管理员，从而允许攻击者获得对该计算机和位于同一网络上的其他计算机的访问与修改权限。活跃在欧洲的恐怖主义组织通过使用该病毒程序，成功篡改官方媒体网站的标题，将其替换成恐怖主义组织的

---

① Europol, “Cybercrime, Internet Organised Crime Threat Assessment”, Europol, https://www.europol.europa.eu/crime-areas-and-trends/crime-areas/cybercrime, 2021-06-30.

宣传口号。恐怖主义组织的黑客利用蠕虫病毒在无需指导的情况下就能不断复制的原理，不断扩大感染的范围，还灵活使用假冒的防病毒软件、恶意广告软件、远程木马病毒等，来进行间谍活动以及执行“分布式拒绝服务攻击”(Distributed Denial of Service - DDoS)。“分布式拒绝服务攻击”是指多个计算机的联合攻击方式，它能加倍扩展攻击的范围和效力。恐怖分子利用该种攻击方式，在几秒之内就能对目标网络发起几千次攻击。

第二，恐怖主义组织建立社交媒体账号、发布多语种电子期刊，进行网络宣传与招募。如前所述，恐怖分子使用了阿拉伯语、英语、法语、德语、俄语等多国语言，采用了“怀旧式”“宗教式”“情感式”叙事结构。“怀旧式”叙事结构是恐怖主义组织利用伊斯兰教先知默罕默德带领穆斯林奋斗的辉煌历史，将参与恐怖主义的行动曲解为“复兴伊斯兰”。“宗教式”叙事结构是恐怖主义组织误导伊斯兰教的广大教众将伊斯兰教与异教徒之间的矛盾定位为你死我活的敌我矛盾。“情感式”叙事结构是恐怖主义组织利用广大网友对饱受战乱之苦的穆斯林的同情，向欧洲各国城市的穆斯林二代传递西方大国是罪魁祸首的论断。恐怖分子打着知识宣传与共享的旗号，使用互联网进行宣传招募与指挥行动。

第三，恐怖主义组织借助暗网，进行通信交流。① 如前所述，暗网（Dark Web）也称作“隐藏的服务器”，是指那些存储在网络数据里、不能通过公开搜索引擎检索到的网页。暗网全程加密

---

① David Gilbert, “ISIS Moves To The Dark Web To Spread Its Message And Avoid Detection”, International Business Times, November19, 2015, http://www.ibtimes.com/isis-moves-dark-web-spread-its-message-avoid-detection-2191593, 2021-06-30.

传输，具有独立的域名解析机制。它通过动态网页访问，即使被拦截了也难以被正确解析其内容。恐怖主义组织就是利用暗网的隐秘性与匿名性，躲避了政府的监控，进行线上沟通与交易，在实施恐怖袭击中传递信息，并在欧盟较为严格的枪支管制政策下也能如愿购买到枪支。

## 第二节　欧洲反恐怖主义中心的成立与信息整合宣传

如前所述，基于恐怖组织的新变化，“智慧反恐中心”的构建至关重要。人工智能（Artificial Intelligence）的研究由来已久。根据约翰·麦卡锡（John McCarthy）与帕特里克·海因斯（Patrick Hayes）的定义，我们判定某种人工研制的系统、机器、程序是否为智能的，主要依据在于它能否模仿、扩充、延伸人类的智力和能力。① 欧洲反恐怖主义中心是一个“智慧反恐”枢纽，其现阶段的工作取得了如下成果：一是借助人工智能与大数据技术，构建共同反恐的数据平台，发挥信息共享中心的作用，并协调反恐行动；② 二是通过对恐怖分子的金融追踪，搜集恐怖组织的融资情

---

① John McCarthy, Patrick Hayes, “Some philosophical problems from the standpoint of artificial intelligence”, *Readings in Artificial Intelligence*, Vol. 4, No. 4, 1981, p. 431.

② Europol Analysis System, “Intelligence Analysis”, *Europol*, https://www.europol.europa.eu/activities-services/services-support/intelligence-analysis, 2021-06-30.

报并推动情报共享；三是调查恐怖主义案件并提供救助等各项支持；四是上传恐怖分子作案手段、袭击工具、筹资渠道、演变趋势的数据包，提供反恐怖主义政策建议与战略支持；五是处理外籍恐怖主义者；六是打造高效率的互联网转诊部门（Internet Referral Unit - IRU）。该部门的职责是在不同的社交媒体网站上寻找有恐怖主义嫌疑的发帖者，然后直接向这些社交媒体网站发布通告，要求其撤下帖子且追踪网络发帖者（见图3—1）。

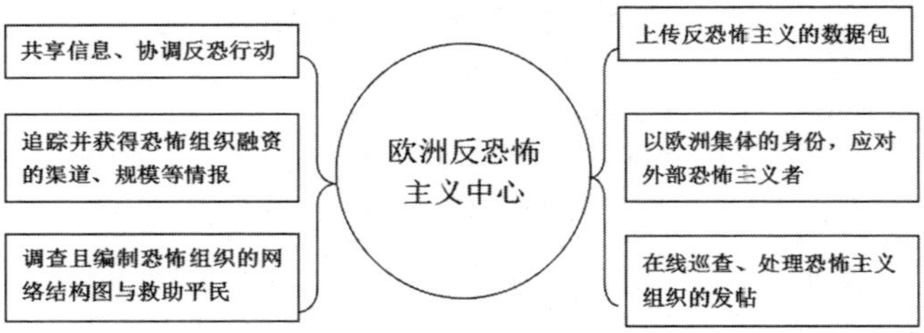


**图3—1　欧洲反恐怖主义中心的智能信息整合与宣传**

笔者自制。

欧洲反恐怖主义中心是建立在欧洲刑警组织（European Police Office - Europol）的既有基础和网络之上的，是隶属于后者的一个新机构。欧洲刑警组织的总部设在荷兰海牙，负责协调打击国际犯罪和恐怖主义的工作，在处理恐怖主义袭击案方面发挥了重要作用。例如，在巴黎恐怖袭击案发生后，欧洲刑警组织成立了特别工作组，派出60名工作人员协助巴黎开展反恐调查。欧洲刑警组织搜集了19万亿字节（Trillionbyte）的信息、2500个安全信息交换网络应用（Secure Information Exchange Network Application - SIENA）、1247个恐怖分子金融追踪计划（Terrorist Finance Tracking Programme – TFTP）的线索和60个可疑旅客姓名记录（Passenger Name Record – PNR）。①

在欧洲刑警组织的原有网络构造基础上，欧洲反恐怖主义中心的智能化又有所创新，建立了更加完备的大数据系统与情报共享平台。它的主要任务之一是提供大数据支持，具备数据交叉检测系统，能迅速将数据搜索整合，并利用计算机智能分析所有可用的细节，编制恐怖组织的网络运作结构图。在发生重大恐怖主义案件之后，它可以协调反恐怖主义行动甚至主导联合反恐。欧洲反恐怖主义中心的工作提升了欧洲城市的集体反恐能力，它能协调成员之间的反恐合作，并有效搜集处理恐怖主义组织的情报。

随着恐怖主义与网络犯罪、移民走私的交织，欧洲反恐怖主义中心与欧洲网络犯罪中心（European Cybercrime Centre – EC3）、欧洲移民走私中心（European Migrant Smuggling Centre – EMSC）开展深入合作。自欧洲反恐怖主义中心成立以来，采取了多项措施制止恐怖组织的互联网扩张，取得了可观成果。迄今为止，该中心向互联网服务提供商举报的内容中有83%已被删除，另外的17%也即将被删除。② 该中心成立了“在线反恐怖主义宣传的专家组”（Advisory Group on Online Counter – Terrorist Propaganda）并举办了“首届在线反恐怖主义宣传大会”（1st Conference on Online

① European Counter Terrorism Centre – ECTC，“A central hub of expertise working to provide an effective response to terrorism”，*Europol*，https：//www. europol. europa. eu/about – europol/european – counter – terrorism – centre – ectc，2021 – 06 – 30.

② Europol's European Counter Terrorism Centre，“Europol hosts Conference on Online Terrorist Propaganda”，*Europol*，https：//www. europol. europa. eu/newsroom/news/europol – hosts – conference – online – terrorist – propaganda，2021 – 06 – 30.

Counter – Terrorist Propaganda），发布了《吉哈德之狼的威胁》（The Jihadi Wolf threat）、《“推特”对〈达比克〉（“伊斯兰国”电子刊物）第15期的回复》（The Response of, and on, Twitter to the Release of Dabiq Issue 15）、《从“基地”组织和“伊斯兰国”的网络杂志出发，探索教学材料的作用》（Exploring the Role of Instructional Material in AQAP's Inspire and ISIS' Rumiyah）、《解构“伊斯兰国”宣传中的身份概念》（Deconstruction of Identity Concepts in Islamic State Propaganda）、《用计算机支持来分析“伊斯兰国”的宣传活动》（Computer Support to Analyze IS propaganda）等研究报告。①

## 第三节　欧洲反恐怖主义中心的智能数据采集与识别

欧洲反恐怖主义中心除了在上述智能信息共享与宣传领域取得成效之外，还在努力推动智能数据采集与识别监督的研发与应用。数据的智能采集主要是构建基于“机器视觉”（Machine Vision）的反恐系统，用于采集恐怖组织的图片、文本、视频等数据材料。“机器视觉”是指计算机模仿人类视觉与思维，采集图像与文本，并将其转化为数据的过程。它最终提取的数据可以是一个

① Europol's European Counter Terrorism Centre, “Europol hosts Conference on Online Terrorist Propaganda”, *Europol*, https://www.europol.europa.eu/newsroom/news/europol – hosts – conference – online – terrorist – propaganda, 2021 – 06 – 30.

简单的“好”/“坏”、“威胁”/“非威胁”的信号，或者是更复杂的一组数据，例如图像显示的特征、位置、人的微表情等信息。“机器视觉”的“智慧反恐”就是自动检测恐怖分子的图片与信息，智能筛选恐怖分子的头像与常用语句，自动分析无人机拍摄的安全监控视频等。

## 一、反恐数据的智能采集

智能数据采集首先需要明确检测需求（如恐怖分子）和项目细节（恐怖分子的体貌特征、穿着偏好、常用话语习惯等），然后进行采集，最后将结果上传到云端。在“智慧反恐”系统中，数据采集系统的组件通常包括计算机、处理器、检测软件、输出设备等。在欧洲反恐怖主义中心的“智慧反恐”系统中，其数据采集的操作过程一般包括如下几个步骤：（1）开发相关软件以及各种应用程序，确定恐怖分子的指标系统；（2）使用网络截图、网络检索工具，线上采集涉恐图像与文本；（3）使用数字图像与文本的智能处理技术，进行可疑图像、文本、视频的智能处理；（4）将图像与文本通过程序转化为所需的数据信息；（5）将可疑数据信息上传到云端。

欧洲反恐怖主义中心在获取恐怖分子图像后，会利用计算机进行智能处理。它的图像处理过程首先是检查处理工具，比如确定或修改图像过滤器。其次是从互联网上检索图像。图像处理有“过滤”“连接”“阈值设置”“像素计数”“分割”“边缘检测”“颜色辨别”等。“过滤”是将普通人的共有特征编辑成数据输入系统，以帮助从海量图片中过滤掉普通人的图片。“连接”是将不同时期拍摄到的同一个恐怖分子的图片自动串联，统计该恐怖分子的活动地点与轨迹。“阈值设置”用于凸显图像的某个部分，当该部分的数据突破该阈值，比如蒙面分子、枪支、地上的弹药、刺刀的数量过多，则该部分图像自动转化为红色或通过光圈重点提示。“像素计数”是计算图像中亮或暗像素的数量。“分割”是将恐怖分子图像切分成多个细分部分，如持枪图片放大后显示的枪支型号等，以简化或改变图像的表示形式，使之更加易于分析追踪。“边缘检测”是自动查找恐怖分子的边缘，把恐怖分子从复杂的周边背景中突显出来。“颜色辨别”是使用色彩软件来采集恐怖分子的着装习惯与特点，以便迅速锁定恐怖分子。

在欧洲反恐怖主义中心的数据采集与处理中，开始尝试使用3D技术来帮助有效打击恐怖主义。尽管常规2D成像技术在目前欧洲反恐怖主义机构的数据采集中最为常用，但近年来3D成像、多光谱成像、各种红外波段成像、X射线成像等新技术如何适用于反恐机构也成为讨论的热点。英国谢菲尔德哈勒姆大学（Sheffield Hallam University）研究中心是推动3D技术应用于反恐机构的专业智库。① 3D技术的反恐怖主义应用是基于三维扫描的原理，利用成像过程中拍摄仪器的运动，通过多个摄像头将激光投射到恐怖分子的身上并从不同的角度进行测量，最终组合生成深度立体图。

欧洲反恐怖主义中心将3D成像技术应用于“智慧反恐”的方

① Marcos A Rodrigues, Alan Robinson, “Fast 3D recognition for forensics and counter - terrorism applications”, in Akhgar Babak and Yates Simeon ( eds. ) *Intelligence management : knowledge driven frameworks for combating terrorism and organized crime*, London: Springer - Verlag, 2011, p. 95.

法包括如下几种：一是立体视觉，使用两只及以上的相机，安排在恐怖主义高发地的不同监控视角处，采用校准技术来统一这些相机的像素，并提取恐怖主义活动的细节信息。这一原理模拟了人类双目立体视觉系统。二是激光三角测量，将激光投射到恐怖分子或涉及恐怖主义的嫌疑人身上，通过相机采集图像并测量激光束的位移来生成外表轮廓，沿多个表面进行激光和相机扫描，最终生成恐怖分子的3D图像。该方法模拟了人类大脑对恐怖分子直观印象的形成过程，便于从现实人群中快速辨别恐怖分子。三是投射光，将光图像投射到恐怖分子的盘踞窝点上，然后根据图像在该地点的变形情况来计算该地点的深度信息。此项技术模仿了人类大脑的深度观测需要，便于在反恐行动前进行深处情景的现场呈现，达到身临其境的效果。四是激光雷达，即测量激光反射并生成3D轮廓，以绘制出目标勘测区域（剧院广场等人流密集地、城市交通设施的安全监控地、恐怖分子盘踞窝点）的表面特征。五是智能传感器，把反恐监控的图像传感器与光源设置为同步，根据反射回传感器与光脉冲发射之间的时间差来计算远处恐怖分子与拍摄者之间的距离。

## 二、智能识别检测

智能识别包括智能查找和匹配。欧洲反恐怖主义中心在对恐怖分子图像、文本的查找过程中，可能出现由于相机倒置造成恐怖分子的图像旋转、恐怖分子图像被其他干扰性图像覆盖、拍摄的恐怖分子图像尺寸太小、角度出现变化等现象，这就体现了智能识别的意义。智能识别的结果是把对象值与目标值进行比较以获得“匹配/不匹配”的检测结果。例如，欧洲反恐怖主义中心通过图像验证，将采集到的恐怖分子影像与存储的犯罪分子数据库影像进行比较，把恐怖分子嫌疑人话语（如“圣战”等）与普通公众的话语进行对比，将采集到的图片、文字与云端存储的图片、文字进行比较。智能匹配一旦成立，就会自动触发警报机制，提醒反恐部队给予高度重视。

欧洲反恐怖主义中心正在努力构建政府网站的“智慧反恐”防火墙。智能防火墙是一种安全保障，通常在受信任的内部网络和不受信任的外部网络之间建立阻碍，根据预先确定的安全规则来监视和控制传入和传出的网络通信总量。[①] 政府的智能防火墙包括互联网防火墙和主机防火墙。互联网防火墙位于局域网、广域网和内联网的网关计算机上，通常是运行在通用硬件上的软件，能保护内部网络并提供服务，例如充当 DHCP 或 VPN 服务器。[②] 主机防火墙控制内部众多机器之间的信息传播，监管内部众多计算机，同时可以发挥操作系统或代理应用程序的功能。智能防火墙的操作级别也有所不同，具备高、中、低三个等级，其等级变化取决于面临的互联网威胁严重程度、拦截位置距离、网络状态好坏。

欧洲反恐怖主义中心正在研究如何对恐怖主义嫌疑人进行微表情检测，并计划将其作为甄别恐怖分子的辅助工具。微表情检

---

① Boudriga Noureddine, *Security of mobile communications*, Boca Raton: CRC Press, 2010, pp. 32 – 33.

② Palo Alto Networks, “Firewall as a DHCP Server and Client”, https://www.paloaltonetworks.com/documentation/eol, 2021 – 06 – 30.

测是谎言检测的一种，其目标是揭示故意欺骗。① 恐怖主义嫌疑人在面对提问时，即使能比较成功地掩饰自身的主要情绪反应，但难免泄露某些微表情。“微表情通常只会持续 0.5—1 秒，可以用高速摄像头捕捉该表情并以较慢的速度重播。”② 这些嫌疑人的微表情反应与普通面部表情不同，因为嫌疑人很难意识到做出该表情，所以更有真实性。这些微表情通过面部肌肉编码，表达了 11 种较为常见的情绪：快乐、悲伤、厌恶、蔑视、焦虑、愤怒、恐惧、惊奇、尴尬、内疚、自豪。

微表情检测还可以提示某些嫌疑人正在展现虚假表情。比如他们在表达恐惧或悲伤时没有明确的前额波动（额头紧皱）；在表达幸福时眼睛周围没有纹理、眼部肌肉没有变化；在表达强烈的积极或消极情绪时，没有伴随交感神经的躯体反应。微表情对谎言的检测准确率从 68% 到 73% 不等。③ 根据阿明多·弗赖塔斯·马格尔哈斯（Armindo Freitas Magalhães）2018 年研制的“面部表情编码系统 3.0”（Facial Action Coding System 3.0）显示，微表情

① Armindo Freitas - Magalhães, “Microexpression and macroexpression”, in V. S. Ramachandran (eds.), *Encyclopedia of Human Behavior*, Oxford: Elsevier/Academic Press, 2012, p. 173.

② Senya Polikovsky, Koshida Kashi, Yuichi Ohta, “Facial Micro - Expressions Recognition Using High Speed Camera And 3D - Gradient Descriptor”, January 2010, https: //www. researchgate. net/publication/224160151_Facial_micro - expressions_recognition_using_high_speed_camera_and_3D - gradient_descriptor, 2021 - 06 - 30.

③ Gemma Warren, Elizabeth Schertler, Peter Bull, “Detecting Deception from Emotional and Unemotional Cues”, *Journal of Nonverbal Behavior*, Vol. 33, No. 1, 2009, p. 59.

检测系统经升级后投入应用将指日可待。①

此外，欧洲反恐怖主义中心提示并计划协助欧洲各国首都、大城市公共交通安检中使用智能识别。虹膜识别是一种典型的智能辨别方法，在个体眼睛的1个或2个虹膜的视频图像上使用数学模式鉴别技术，使用了具有近红外照明的摄像技术，来获取细节丰富、结构复杂、独一无二的虹膜图像。鉴于人体眼部的虹膜自胎儿发育完成之后就基本不变，安检人员可采用虹膜识别，检查进入者的虹膜与数据库中虹膜的相似点，轻松辨别伪装成为普通人的恐怖分子。

欧洲各国首都与大城市的公共交通安检中一旦全面配备虹膜智能识别工具，将带来四大益处。一是安全性。虹膜识别与纸质护照、身份证相较更加安全且不易仿冒。二是稳定性。虹膜与随着年龄增长不断变化的人脸，伴随体力劳动不断模糊的掌纹、指纹相比，更加稳定。三是独特性。即使遗传上相同的个体，比如父母与孩子，以及同一个体的左右眼，都具有完全独立的虹膜纹理。四是可操作性。虹膜识别与拍摄照片相似，可以在10厘米至数米之外进行。被检测的人不需要触摸被陌生人触摸过的任何设备，从而消除了指纹识别中必须接触指纹扫描仪表面的顾虑。② 随着人工智能的发展，虹膜识别在安检中所需的时间越来越短。以

① Armindo Freitas - Magalhães, *Facial Action Coding System 3. 0: Manual of Scientific Codification of the Human Face*, Porto: FEELab Science Books, 2018, p. 1.

② Zetter, Kim, "Reverse - Engineered Irises Look So Real, They Fool Eye - Scanners", *Wired Magazine*, July 25 2012, https: //www. wired. com/2012/07/reverse - engineering - iris - scans/, 2021 - 06 - 30.

往的虹膜识别工具的扫描范围通常在几米以内，而欧洲研究生物识别的学术机构正在开发名为“远距离虹膜”或“移动虹膜”的新产品，识别10米距离之外的、不断行走的人。①

## 第四节　欧洲反恐怖主义中心的智能决策与模拟应用

欧洲反恐怖主义中心计划近年内在智能决策与模拟应用领域取得突破。智能决策包括“专家系统”（Expert System）与“智能决策支持系统”（Intelligent Decision Support Systems）。专家系统是模拟人类专家决策过程的计算机系统，旨在通过智能推理过程来解决复杂问题。这一智能推理过程主要遵循“如果—那么”（If - Then）的规则，而不是通过传统的程序代码来表示。

### 一、智能决策系统

智能决策系统的典型代表是专家系统。专家系统分为两个子

① Martin, Zach, “Biometric Trends: Will emerging modalities and mobile applications bring mass adoption?”, *SecureIDNews*, March 3, 2011, https://www.secureidnews.com/news-item/*biometric-trends-will-emerging-modalities-and-mobile-applications-bring-mass-adoption/? tag=Law_Enforcement, 2021-06-30.

系统：知识库和推理引擎。① 知识库代表事实。在反恐应用中，这些事实主要表现为恐怖分子的事实特征、习惯盘踞点、恐怖组织的内部组成，使用了面向对象（Object Oriented）的编程模式，将恐怖主义群体分为类、子类。推理引擎是一个自动推理系统，用于评估恐怖主义知识库的当前状态，并推断新的现实案例。推理引擎具备解释功能，以便通过追溯规则背后的事实，来解释用于达到特定结论的推理链条。欧洲反恐怖主义中心计划开发的推理引擎主要有两种模式：正向推理（Forward Reasoning）和反向推理（Backward Reasoning）。正向推理是从原因开始使用推理引擎，直至达到预计结果。② 即根据“如果—那么”规则，找到“如果”，就可以推断接下来会有“那么”。反向推理可以解读为从结果开始反向推理原因。③ 即使用推理引擎搜索“那么”，反向推导到“如果”。

在人工智能的“智慧反恐”应用中，专家系统的优点在于如下两点：一是易于操作。传统的计算机程序，其规则是嵌入在代码中的，通常只能由计算机领域的专业人士才能进行使用。而基于人工智能的专家系统，形式十分直观、易于操作，反恐机构的

① Jackson Peter, “Introduction To Expert Systems (3 ed.)”, *Addison Wesley*, 1998, https://www.abebooks.com/Introduction-Expert-Systems-3rd-Edition-Peter/11789182877/bd, 2021-06-30.

② Kaczor Krzystof, Szymon Bobek, Grzegorz J. Nalepa, *Overview of Expert System Shells*, Poland: Institute of Automatics: AGH University of Science and Technology, December 5, 2010, http://geist.agh.edu.pl/doku.php, 2021-06-30.

③ Michel Chein, Marie-Laure Mugnier, *Graph-based knowledge representation: computational foundations of conceptual graphs*, Springer, 2009, p. 297.

非计算机专业人员也可以便捷使用。二是易于维护。专家系统规避了传统代码编写过程中的繁琐要求，维护过程较为简单。从操作步骤上讲，如果欧洲反恐怖主义中心需要根据恐怖主义事实变化进行局部修订，只需调整推理引擎即可。

专家系统的智能应用程序划分为8个类别，分别是："解释""预测""诊断""设计""监控""调试""修订""指挥"。欧洲反恐怖主义中心规划将专家系统应用到反恐行动中，解释基于传感器数据的推理情况，预测可能发生的恐怖主义袭击地点及其后果，诊断反恐设备的可能故障，设计反恐怖主义的行动步骤，监控观察恐怖主义的高发地、人流密集地，调试反恐怖主义的方案，修订原反恐规则的不足，指挥反恐怖主义行动。

智能决策支持系统是上述专家系统的升级，结合了最新的人工智能技术。① 欧洲反恐怖主义中心计划把人工智能技术嵌入到反恐行动的智能决策支持系统中，使该技术能够尽可能地模拟甚至超越人类专家的思考过程，自动生成反恐怖主义的行动方案并供反恐部队参考。智能决策支持系统应该像人类反恐专家一样行事：收集和分析数据，识别和诊断问题，进行自动推理，提出可能的行动方案并评估这些方案，最后做出决策。在理想情况下，该智能决策支持系统通常将反恐知识与逻辑推理结合起来，能够自动提出或修改决策方案，其决策准确性可以媲美，甚至超越人类反恐专家。

---

① Daniel Powerower, "A Brief History of Decision Support Systems", *Dssresources*, March 10, 2007, http://dssresources.com/history/dsshistory.html, 2021-06-30.

## 二、智能模拟应用

智能模拟应用决定了现代反恐战争的未来走向。在反恐战争中使用机器人虽然传统上是科幻小说的主题，但它正在被作为未来反恐怖主义降低军队伤亡率的有效手段。智能模拟应用就是研发反恐机器人战士、反恐无人机、反恐无人驾驶汽车等。反恐机器人战士项目包括遥控移动机器人与自动机器人，从反恐行动后勤补给的物资运输到反恐过程中的搜救和攻击，这一项目有广阔的应用前景。欧洲反恐怖主义中心计划研发一款配备多台摄像头、雷达和枪支的多功能机器人。该机器人可自动在政府设施周围进行随机或预编程的巡逻与保卫，当检测到未经授权的拔枪行为时，会及时把紧急情况拍摄成图像传回总部，提醒人类监督员，并接受远程控制来处理拔枪者。

欧洲反恐怖主义中心与国防部门计划共同研发与部署越来越多的反恐无人战斗机和轰炸机。反恐无人战斗机和轰炸机，突破了人类飞行员必须面对的高空重力加速度极限的限制，在摧毁恐怖分子盘踞点、实施对恐怖分子的打击方面前景可观。正如肯尼斯·罗斯（Kenneth Rose）所说：“它们不会感到疲倦，也不会与朋友交谈，不会受个体情绪和道德因素左右，永远无所畏惧。”①

如图3—2所示，反恐无人驾驶汽车在“智慧反恐”体系中十

① Kenneth Rose，“Robot soldiers”，*BBC News*，April 12，2002，http：//news. bbc. co. uk/cbbcnews/hi/teachers/citizenship_11_14/subject_areas/scientific_development/newsid_1923000/1923299. stm，2021－06－30.

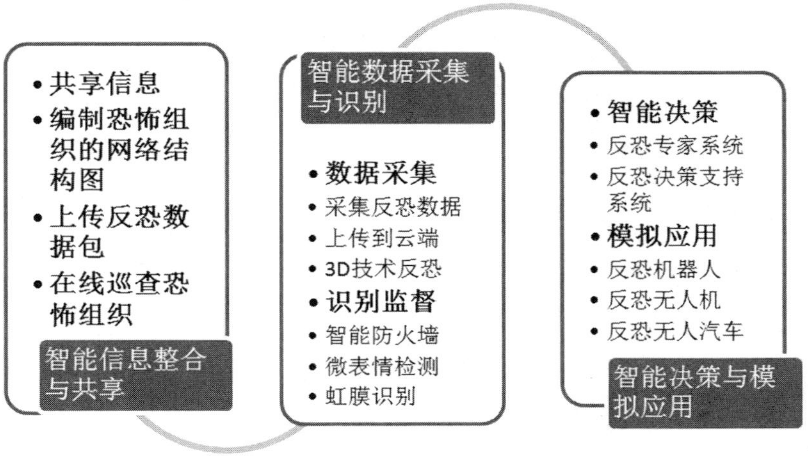


**图 3—2　欧洲反恐怖主义中心构建的“智慧反恐”体系**

笔者自制。

分重要。反恐无人驾驶汽车尤其适用于环境危险、条件恶劣、无人机不方便巡逻的区域。在反恐巡逻中，无人驾驶汽车通常使用一组或多组传感器来观察环境，将周边环境信息传递给远处的遥控指挥人员，它还计划配备激光、超声波测距仪、红外技术、控制系统、指导界面、通信链路、系统集成设备等。在反恐行动中，无人驾驶汽车有广阔的应用空间。如减少军人和警察的伤亡，替代人类处理恐怖分子携带或邮寄的爆炸物，追查人类不易发觉的恐怖分子聚居窝点，监视恐怖袭击高发地的安保情况，在恐怖袭击后寻找幸存者等。

欧洲反恐怖主义中心跨越多城市、多部门的信息鸿沟，构建一体化的“智慧反恐”平台，促进在安全领域的信息共享，实现危机事件中的快速反应与灵活应对。欧洲反恐怖主义中心的“智慧反恐”系统包括智能信息整合与宣传、智能数据采集与识别检测、智能决策与模拟应用三个层面。前两个层面是已取得的成效和正在建设的要点，第三个层面是战略规划方向。

尽管前述欧洲反恐怖主义中心在“智慧反恐”领域踌躇满志，但该系统最终能否达到预期目标并普及应用仍面临如下两点阻碍。首先，“智慧反恐”对经费投入有较大的需求，需要各城市的大力支持。欧洲各国城市正在计划节省开支且城市之间经济实力差距较大，而智能监督识别系统中的虹膜扫描仪、“智慧反恐”决策支持系统、反恐机器人、反恐无人机等通常造价较高，在预算有限的情况下较难推广。

其次，“智慧反恐”对硬件、软件、人力的智能水平也有较为严格的要求。为了能让计算机进行智能处理，拍摄的图像需要具有足够的纹理，这就对拍摄装置提出了像素与清晰度的要求。“智慧反恐”的3D图像处理也需要专业技术，要测算被检测的人物、事物表面的3D坐标点（X，Y，Z）等，这对相关领域的人才提出了技术要求。

“智慧反恐”系统的构建关系到欧洲各国城市的长远安全。他山之石可以攻玉，笔者通过分析欧洲反恐怖主义中心智慧反恐系统的构建路径与规划，以期深化国内学界对非传统安全研究视域下人工智能应用于反恐领域的认知，并为将来构建中国城市的“智慧反恐”、防恐系统拓展思路。

# 第四章　非传统安全视域下都市“智慧反恐”的超网络系统[①]

如前所述，根据欧洲反恐怖主义中心的经验，在非传统安全的研究视域下，人工智能是研究、模拟、延伸人的智能的学科。人工智能在“智慧反恐”体系领域的应用，包括但不限于反恐机器人、人脸识别恐怖分子、图片识别可疑武器装备、智能安保系统、“智慧反恐”专家系统、反恐数据收集传送的一体化平台等。在人工智能的背景下，“智慧反恐”体系显示出超网络系统的特点。就具体情况而言，结合欧洲反恐怖主义中心的案例，“智慧反恐”体系具备超网络的多层面网络、多维度关系、网络拓扑功能结构、非线性作用、动态演化性。如何激发“智慧反恐”体系的活力，笔者认为应该结合人工智能的特点，从超网络竞合走向超网络协同。

---

① 本章部分内容笔者发表于《印度洋经济体研究》，2019 年第 2 期，第 1—15 页。

## 第一节 都市“智慧反恐”超网络系统的欧洲经验

根据欧洲反恐怖主义中心的经验，都市“智慧反恐”体系是典型的超网络系统。超网络（Super network）① 又被称为“网络的网络”(Network of Networks)，是复杂网络理论的最新研究成果。② 超网络揭示了不同子网络在一个大的网络结构中的竞合关系。我们进行超网络研究就像使用不同尺寸的镜头放大某个网络，捕捉该网络的内部结构，然后对系统内部的子网络进行分析，并关注子网络中每个节点甚至每条边之间的互相作用关系。③ 接下来笔者将结合欧洲反恐怖主义中心的案例，梳理超网络系统的五个特点。

### 一、多层面网络

在过去的网络理论研究中，网络科学成功地描述了生物技术

① Haisheng Yan, Lingling Peng, “Android Malware Detection Based on Evolutionary Super - Network”, *AIP Conference Proceedings*, Vol. 1955, No. 1, 2018, pp. 1 – 5.

② Shlomo Havlin, H. Eugene Stanley, Amir Bashan, Jianxi Gao, “Percolation of Interdependent Network of Networks”, *Chaos Solitons & Fractals*, Vol. 10, No. 1, 2014, pp. 4 – 19.

③ Kshiteesh Hegde, Malik Magdon – Ismail, “Network Lens: Node Classification in Topologically Heterogeneous Networks”, *ArXiv. org*, https://arxiv. org/pdf/1901. 09681. pdf, 2020 – 07 – 15.

的网络、金融系统的网络、社会系统的网络等，但这些研究都是单层面的网络研究成果。在人工智能视域下，“直到最近几年，网络科学家们基于越来越多的真实数据，才开始认真研究真实世界网络系统的多层面和演化性”。① 欧洲反恐怖主义中心超网络系统就是由多个层面子网络组成、不断演化的网络系统。在欧洲反恐怖主义中心系统中，不同层面的子网络之间是互相联系的。形象地说，欧洲反恐怖主义中心超网络系统可以表征为多层次金字塔系统，这结合了明显的人工智能特征。金字塔底部是基层网络，中部是延展网络，顶层是统筹网络。越往金字塔底部扩展，网络特征越具有多样性和功能性；越往金字塔顶部空间延伸，网络特征越具有简约性和适用性。通过对非传统安全研究视域下欧洲反恐怖主义中心系统多层面子网络的分析，我们能更清晰地解读网络过程和网络结构背后的动力机制。

在非传统安全研究的背景下，欧洲反恐怖主义中心超网络系统是个多层面、多目标的系统。② 欧洲反恐怖主义中心超网络的不同层面子网络之间是彼此交融，我中有你、你中有我的关系。它摆脱了原本单层面网络的研究局限，结合了人工智能的发展背景，扩展了网络科学的研究空间，丰富了网络科学的研究维度，

① Stefano Boccaletti, Ginestra Bianconi, Regino Criado Herrero, C. I. del Genio, "The Structure and Dynamics of Multilayer Networks", *Physics Reports*, Vol. 544, No. 1, 2014, pp. 1 – 122.

② Bo Yuan, Bin Li, Huanhuan Chen, Zhigang Zeng, Xin Yao, "Multi – Objective Redundancy Hardening With Optimal Task Mapping For Independent Tasks on Multi – Cores", *Soft Computing*, https://www.researchgate.net/publication/332049397_Multi – objective_redundancy_hardening_with_optimal_task_mapping_for_independent_tasks_on_multi – cores, 2021 – 03 – 27.

开拓了研究者的视野。处理行为体之间的关系就是个典型的超网络系统，它由许多层级的子网络组成，从处理关系的属性可以分解为处理冲突、竞争、合作、盟友等网络。欧洲反恐怖主义中心系统冲突网络又由许多子网络组成，包括危机预警网络、控制指挥网络、后勤供应网络、战后安置网络等。危机预警网络还有情报搜集平台、实时监控小组、在线巡逻分队、自动防控系统等子网络。结合人工智能的背景，超网络中不同层级的子网络之间纵向与横向交互影响。

## 二、多维度关系系统

在非传统安全研究的理论视域下，欧洲反恐怖主义中心超网络系统是个多维度的关系系统，通过使用网络表示学习（Representation Learning on Network），将总网络中的子网络结构、网络边、网络节点转化为一个多维向量。① 通过这一转化过程，能使复杂的网络信息转变为方便计算机识别计算的数据。这其实就是向量化编码（Encoder），是指把网络结构、边和节点映射到多维向量。② 然而，以往的网络表示学习研究忽略了多维度关系属性对网络的影响。为了解决这一问题，欧洲反恐怖主义中心超网络系

① Hao Wei，Zhisong Pan，Guyu Hu，Liangliang Zhang，“Identifying Influential Nodes Based on Network Representation Learning in Complex Networks”，*PLOSONE*，Vol. 13，No. 7，2018，pp. 1 – 13.

② Jimei Yang，Brian Price，Scott Cohen，Honglak Lee，“Object Contour Detection with a Fully Convolutional Encoder – Decoder Network”，*ResearchGate*，https：//www. researchgate. net/publication/301875162 _ Object _ Contour _ Detection_with_a_Fully_Convolutional_Encoder – Decoder_Network，2021 – 03 – 15.

统研究引入一个新的框架，即考虑超网络中多维度关系的数量和属性，并用实验研究证明了多维度关系分析框架在包括网络重建、链路预测和节点分类等方面的优势。①

欧洲反恐怖主义中心超网络系统的子网络、网络边动态、网络节点之间都是互相依赖的，它一般是在三种以及三种以上的维度空间中同时存在并发生作用，它的任意一个点、一条线、一个面都可能具有错综复杂的互相关联方式。在欧洲反恐怖主义中心超网络系统中，一个非常小的局部失误可能会导致十分严重的后果。尤其是在相互依赖的关键节点之上一旦出现故障，将会突然导致整个网络系统的崩溃。因为欧洲反恐怖主义中心超网络系统是空间嵌入的。总网络不断通过识别接受、分类归属、派生演化等方式把各种子网络嵌入其中。因此，嵌入点、嵌入结构、嵌入方式等要素对网络稳定至关重要，欧洲反恐怖主义中心需要对超网络系统进行结构观察与实时监控。

## 三、网络拓扑功能结构

在非传统安全的研究视域下，欧洲反恐怖主义中心超网络系统是具有拓扑功能结构的网络。网络拓扑是指把网络端口用节点

① Guoji Fu, Bo Yuan, Qiqi Duan, Xin Yao, “Representation Learning for Heterogeneous Information Networks via Embedding Events”, *ArXiv. org*, https://arxiv. org/abs/1901. 10234? context = cs. LG, 2021 - 02 - 12.

代表，再用链路联系起来的抽象表示方法。① 网络拓扑不考虑连接的实际事物的体积大小、质量单位等详细特征，也不关心事物的相对比例等具体细节，只重视事物之间的相互作用和相互关系。网络拓扑结构形象地说明了网络的连接方式。基本的网络拓扑结构包括三种：线状结构、环状结构、星状结构（见图4—1）。线状结构是把不同网络节点用线连接起来的简单结构。该结构的优点是有利于信息的点对点传播，操作简单且可靠性强；该结构的缺点是不利于信息的成倍扩展传输并且维护成本较高。一旦结构中任意一点出现故障，整个线状结构就会突然瘫痪。

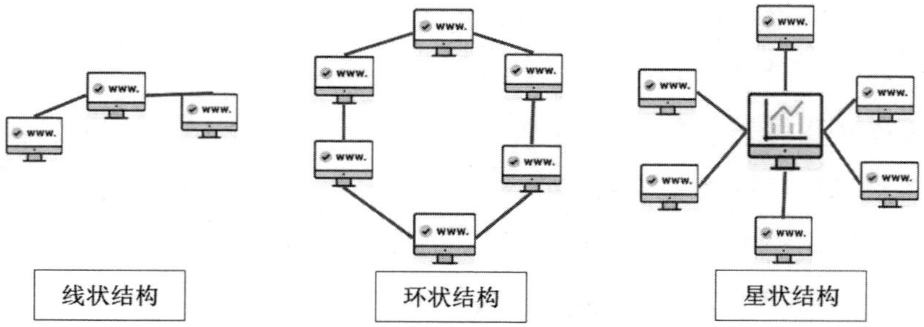


**图4—1　基本网络拓扑结构示意图**

笔者自制。

环状结构是把不同节点首尾相连组合成一个环。该结构的优点是每个节点有上下两条选择路径，操作也比较简单。环状结构

① Joohyun KimOhsung KwonDuk Hee Lee, “Observing Cascade Behavior Depending on the Network Topology and Transaction Costs”, *Computational Economics*, Vol. 53, No. 1, 2019, pp. 207 - 225.

的缺点是当联系的节点过多时，发布的信息传输时间过长且不利于系统维护。在大型环状结构中，一旦任意一点出现故障，会出现排查困难的情况，而且环状结构是闭合的环，不利于对外扩展。星状结构是通过中央节点连接外围节点的结构。该结构的优点是核心节点突出、控制简单、易于管理，而且星状结构只要不是中央节点出现故障，易于诊断和隔离。该结构的缺点是资源共享程度较低、可靠性与能力等级较差、成本较高。

在非传统安全研究的理论视域下，欧洲反恐怖主义中心超网络系统的拓扑结构是混合型的。混合拓扑结构是组合了线状结构、环状结构、星状结构等的整体。① 理想的欧洲反恐怖主义中心超网络系统拓扑结构是结合了上述结构的优点，既有利于系统中信息的传输，系统可靠性又强，资源共享能力强，运营成本可以接受，控制方便且有利于系统维护和管理，还能轻松诊断和隔离故障节点。混乱的欧洲反恐怖主义中心超网络系统拓扑结构是集中了上述结构的缺点，系统可靠性弱，资源共享能力差，运营成本还高，控制程序繁琐且不利于维护和管理。在人工智能背景下，真实的欧洲反恐怖主义中心超网络系统拓扑结构往往介于两者之间。

## 四、非线性作用

在很长一段时期内，人们局限于简单刻板的线性研究中。然而，通过人工智能的作用，我们不难发现超网络的作用形式是非

① Martin H. Weik, *Hybrid Topology*, Boston: Springer, https: //link. springer. com/referenceworkentry/10. 1007%2F1 – 4020 – 0613 – 6_8542, 2020 – 11 – 30.

线性的。[①] 欧洲反恐怖主义中心超网络系统的非线性具体体现在三个方面：第一，超网络系统输入与超网络系统导出之间不呈现线性相关的关系。超网络系统外部的任何细微变动可能引发超网络系统内部的轩然大波，就类似于原本细微的蝴蝶所产生的连锁效应；同样，超网络系统外部的滔天巨变也可能在超网络内部产生的效果只是昙花一现，即最终只产生小范围的局部影响。这是因为在人工智能背景下，欧洲反恐怖主义中心超网络系统内外联系机制有多种多样的组成形式。它们发挥着传导放大或者过滤吸收网络内外影响力的作用。

第二，欧洲反恐怖主义中心超网络系统内部的子网络之间能量传输过程也不是线性相关的。如前所述，欧洲反恐怖主义中心超网络系统内部不同子网络之间是复杂作用的，某个子网络的独立行为可能引发其他子网络的集体模仿，产生振臂一呼，应者云集、一倡百和的结果。同样，在某个强势子网络的施加压力下，众多子网络的集体行动也可能迅速鸣金收兵、偃旗息鼓、销声匿迹。

第三，在非传统安全的研究视域下，欧洲反恐怖主义中心超网络系统的非线性特征意味着系统简单加减原则的失效。在线性网络中，整体系统的影响力等于各组成部分的影响力之合。如果目标是增强整体网络系统的影响力，可以通过增强该系统各组成部分影响力的形式，即每个部分的能力增强了，该网络的整体能力也就相应增强了。同样，如果目标是降低整体网络系统的影响力，可以通过

① Gaëtan Kerschen, Keith Worden, Alexander F. Vakakis, J. – C. Golinval, “Past, Present and Future of Nonlinear System Identification in Structural Dynamics”, *Mechanical Systems and Signal Processing*, Vol. 20, No. 3, 2006, pp. 505 – 592.

降低各组成部分影响力的形式，即每部分的能力降低了，该网络的整体能力也就相应降低了。这就是适用于简单网络的系统加减原则。然而，在人工智能背景下的欧洲反恐怖主义中心超网络系统中，简单加减原则被打破。结合人工智能的特点，如果欧洲反恐怖主义中心超网络系统中某一部分的影响力降低了，整个网络系统通过重新排列组合、扬长避短、开拓创新，整体影响力可能反而会增强，甚至呈现欧洲反恐怖主义中心超网络系统整体效力倍增的状况。

## 五、动态演化性

在非传统安全的研究视域下，欧洲反恐怖主义中心超网络系统是动态演化的。欧洲反恐怖主义中心超网络系统是开放的复杂系统，能够对外部环境变化产生反应。欧洲反恐怖主义中心超网络系统的动态演化性主要体现在如下三个趋势上：一是欧洲反恐怖主义中心超网络系统的进化。进化过程是通过欧洲反恐怖主义中心超网络系统子网络之间的互动不断加强，使欧洲反恐怖主义中心超网络系统子网络间的交集与共同点越来越多，形成的相互作用模式也从表层关系走向深层次关系，致使欧洲反恐怖主义中心超网络系统趋向发展进化。二是欧洲反恐怖主义中心超网络系统的突变。突变是指在欧洲反恐怖主义中心超网络系统内部大量子网络突然发生变化，这一变化的原因可能是外部因素的作用也可能是内部因素的累积，导致欧洲反恐怖主义中心超网络系统的整体系统结构出现扭曲，使得整个网络进入剧变的临界状态。三是欧洲反恐怖主义中心超网络系统的退化。退化是由于欧洲反恐怖主义中心超网络系统内子网络之间的互动不断减少，使不同欧洲反恐怖主义中心超网络系统子网络间的交集越来越少，导致欧洲反恐怖主义中心超网络系统子网络之间相互交流几乎中断，最终结果是欧洲反恐怖主义中心超网络系统趋于解体。

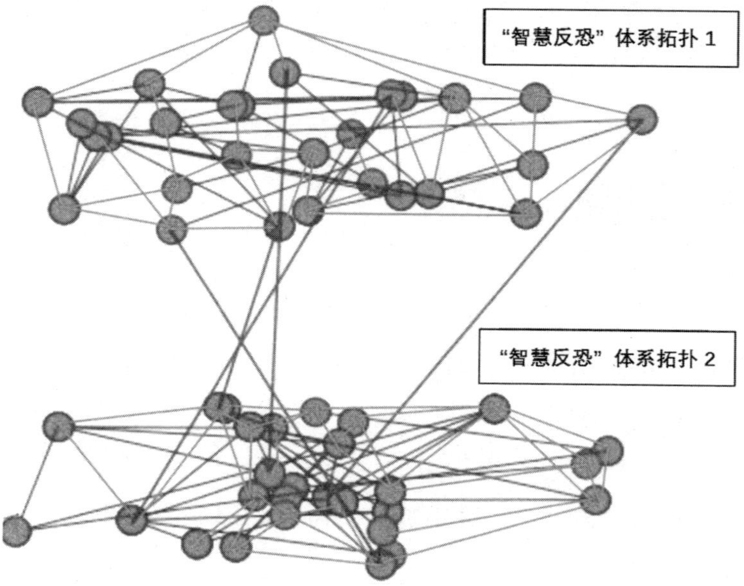


**图 4—2　欧洲反恐怖主义中心的超网络拓扑结构**

笔者自制。

在非传统安全研究的理论视域下，欧洲反恐怖主义中心的超网络拓扑是混合结构的。如图 4—2 所示，“智慧反恐”体系拓扑 1 表示的是欧洲反恐怖主义中心加入了空间因素的超网络拓扑。“智慧反恐”体系拓扑 2 表示的是欧洲反恐怖主义中心加入了时间因素的超网络拓扑。结合人工智能理论，拓扑 1 和拓扑 2 之间的箭头表示欧洲反恐怖主义中心的“智慧反恐”超网络时空拓扑结构之间的互相作用。基于逻辑上的超网络拓扑推导，“智慧反恐”网络空间可以从单网络扩展为双网络、多网络，甚至是n网络。欧洲反恐怖主义中心也可以是包括n个网络空间的结构系统。

空间理论上是n个的，因此欧洲反恐怖主义中心的超网络拓扑结构也是n个的。在人工智能的理论视域下，整个欧洲反恐怖主义中心超网络空间之间是互相联系、互相影响、互相作用的。空间和时间是互相依存的。除了上文的空间因素之外，欧洲反恐怖主义中心也随着时间变化而不断演化。每一个时间点的欧洲反恐怖主义中心与另一个时间点的欧洲反恐怖主义中心都不可能完全一样，甚至差别巨大。时间点是n个的，时空是不断演化的，因此，欧洲反恐怖主义中心超网络拓扑结构也是n个的。

## 第二节　都市“智慧反恐”超网络系统的中国建议

前文解读了欧洲反恐怖主义中心超网络系统的特征，即多层面网络、多维度关系系统与网络拓扑功能结构、非线性作用与动态演化性，笔者在下文中将依据这些关键特点对中国城市“智慧反恐”体系构建提出建议。

### 一、多层面网络

中国城市“智慧反恐”体系的多层面网络应包括防恐反恐的

警媒合作宣传、警务资源建设、公安行政服务、主要通道查控、治安防控、反恐情报信息采集、反恐联勤指挥。鉴此，在人工智能视域下，见图4—3所示，要建构中国城市“智慧反恐”体系的多层面网络包括建构防恐反恐的警媒合作宣传网络、警务资源建设网络、公安行政服务网络、主要通道查控网络、治安防控网络、情报信息系统、联勤指挥体系。“智慧反恐”体系中不同层面网络之间是互相联系、互相作用、互相影响的。例如，中国城市“智慧反恐”体系的警媒合作网络就可以作用于“智慧反恐”体系的警务资源建设网络，“智慧反恐”体系的通道查控网络也可以作用于“智慧反恐”体系的治安防控体系，“智慧反恐”体系的情报信息数据也可以用于“智慧反恐”体系的联勤指挥。

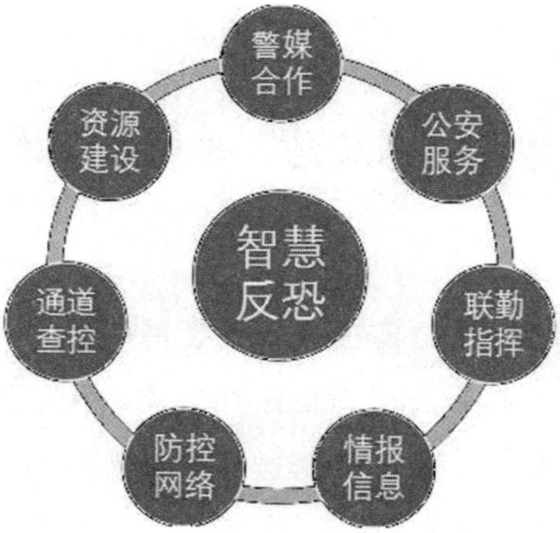


**图4—3　“智慧反恐”体系的多层面网络**

笔者自制。

在非传统安全研究的理论视域下，中国城市构建“智慧反恐”

体系总网络应包括多层面的分网络，每个分网络又包括子网络。情报信息分网络就包括水上侦察子网络与陆地侦察子网络。陆地侦察子网络又包括消防通道侦察、车底侦察、一般路面侦察等更具体的次级子网络。

以图 4—4 为例，中国城市构建“智慧反恐”体系的情报信息子网络可以针对不同情况提前做好预案，分别使用水上侦察机器人、消防排烟机器人、车底侦察机器人、路面防爆侦察机器人。每种机器人型号不同，水上侦察机器人的型号是 uBot－WST、消防排烟机器人的型号是 RXR－Y90000D、车底侦察机器人的型号是 uBot－SCU、路面防爆侦察机器人的型号是 uBot－FSR。

**图 4—4　水上侦察机器人、消防排烟机器人、车底侦察机器人、路面防爆侦察机器人**[①]

① 合时集团：《厉害了！反恐排爆先锋——合时智能排爆机器人》，https：//www.sohu.com/a/221106738_785473，访问日期：2020 年 7 月 12 日。

建构中国城市“智慧反恐”体系总网络，要考虑警媒合作分网络的建设。在中国城市警媒合作的网络运作中，要在“快、微、新、准”上努力，建立宣传新思路，谋求实现活动共联、资源共融、力量共建，成立“智慧反恐”体系的新媒体宣传中心作为警媒合作的重要平台，提供新时代警媒合作新样板，要树立在防恐怖主义、反恐怖主义领域的先进典型，打造一批防恐怖主义、反恐怖主义单位或部门的特色亮点，总结优秀的做法和经验，提升防恐怖主义、反恐怖主义内容宣传的影响力、引导力与吸引力，结合爆款产品、热点议题、特色活动、新闻发布、优质内容等模式，塑造共赢合作、共鉴优势、共商舆情、共通平台、共建栏目、共享资源的中国城市警媒合作新格局。

## 二、多维度关系系统与网络拓扑功能结构

在非传统安全研究的理论视域下，“智慧反恐”体系是多维度关系的立体系统。维度又称为维数。立体三角形具备长、宽、高三个维度。例如，京津冀“智慧反恐”体系至少具备北京、天津、河北三个维度。三角形每个角的角度大小表示京津冀之间的关系紧密程度。基于理论上的维数推导，维可以从三维扩展为四维、五维、六维、七维、八维，甚至是n维。

尽管人眼只能识别三维，但我们根据量子力学的研究成果，发现真实世界其实是n维的。“智慧反恐”体系也可以是在包括n维领域的整合系统。每个维度之间是可以互相作用的。如图4—5所示，笔者将从战略、机制、应用等多个维度分析防恐反恐的“智慧反恐”体系。

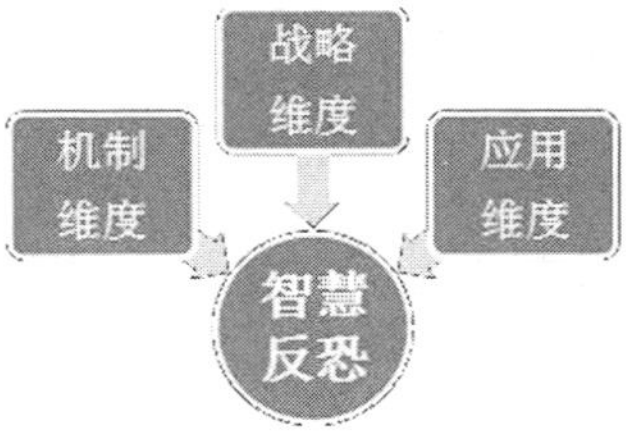


**图 4—5　“智慧反恐”的多维度关系**

笔者自制。

在非传统安全研究的理论视域下，从多维度关系的视角来分析防恐反恐的“智慧反恐”体系。首先，从战略维度分析“智慧反恐”体系，明确“智慧反恐”体系的重要意义。以京津冀“智慧反恐”体系的构建为例。中国国家主席习近平指出：“京津冀一体化是一个重大的国家战略”。① 京津冀一体化对首都北京、直辖市天津、河北的 11 个市（衡水、邢台、邯郸、承德、张家口、石家庄、秦皇岛、沧州、廊坊、唐山、保定）都将产生重要与深远的影响。鉴此，构建京津冀“智慧反恐”是国家战略布局的重要组成部分，要坚持扎实推进、互利共赢、优势互补。京津冀“智慧反恐”体系的顶层设计是基于“京津冀一体化”的国家大战略。

其次，从机制维度解读“智慧反恐”体系，理解“智慧反恐”机制构建的必要性。结合人工智能的背景，构建“智慧反

① 北京市发展和改革委员会：《京津冀协同发展重大国家战略实施五周年成效》，http：//www. beijing. gov. cn/ywdt/zwzt/jjjyth/zxxxi/201902/t20190225_1819365. html，访问日期：2020 年 7 月 12 日。

恐”体系需要建立防恐怖主义、反恐怖主义的协同化机制平台，调动所有的力量，完成“计划—开发—检验—推广”的过程。即在人工智能的理论视域下，完成“计划制订—开发研制—实验检测—成果推广”这 4 个紧密相连的环节。任何一个环节的缺失或暂停将引发整个“智慧反恐”体系的混乱或者停滞，甚至最终导致系统崩盘情况的出现。

结合上述分析过程，在“智慧反恐”体系的特种机器人项目中，计划目标是制造能够在危险恶劣环境下通过机械臂进行作业的特种机器人，开发研制是组建一支熟悉人工智能与机器人学科的尖端技术的团队，且要求研究团队有在国内外著名机器人研究机构长期从事相关研发工作的经历。实验检测是经历了研究人员对配备机械臂的特种机器人多次进行特种环境处理、安全防爆、软件控制等实验检测步骤。成果推广是将最终实验成功的配备机械臂的特种机器人应用于防恐反恐事业中。这就完成了“计划制订—开发研制—实验检测—成果推广”这 4 个环节组成的机制。

最后，“智慧反恐”体系要考虑实践应用。如果没有防恐反恐机器人、防恐反恐直升机、防恐反恐巡逻车、防恐反恐安保设备等，很难设想“智慧反恐”体系能够最终取得成效。“智慧反恐”体系构建要动员可以动员的一切力量，包括吸收国内外研究人工智能与机器人的专业人才。国内机器人研究机构有北京航空航天大学机器人研究所、中科院自动化研究所、上海交通大学特种机器人研究室、哈尔滨工业大学机器人研究所、中科院沈阳自动化研究所等，国外研究机构有美国卡内基梅隆大学机器人研究所、德国维尔兹堡大学机器人学与远程通信研究室、日本东京工业大学广濑—福岛研究室、瑞典吕勒奥理工大学机器人研究所等。“智慧反恐”体系的研发与应用需要重点考虑使用以下6种智能防恐反恐机器人，分别是：光电巡检机器人、智能水刀排爆机器人、反恐机器蚂蚁、龙卫士 DragonGuard X3 系列单兵反恐机器人、灵蜥－H型反恐防暴机器人、Super－D新型反恐防爆机器人。

光电巡检机器人是由中航工业研发的，可实现危险场所侦察、要地巡查、安保巡视等重要工作。它以全自主或遥控模式，通过精确的自主导航和定位，配备了拾音器、高清摄像机、红外热像仪等多种传感器，来实现全角度巡逻检查的目标。

智能水刀排爆机器人的研发是由武警工程大学装备与信息技术研究所博士研究团队负责的。① 武警工程大学博士研发团队创新机器人控制智能化，实现了小型化高压水射流切割装置与核心技术攻关，集成化多元技术，从失败中进行多次实验探索，最终完成了该项国际前沿人工智能技术的成果——智能水刀排爆机器人。武警工程大学装备与信息技术研究所团队研发的反恐机器人具有显著的价格优势、技术优势与安全优势，能够实现销毁战争时期遗留的炸弹等危爆物、战场埋设的地雷、排除公共场所的爆炸物，在销毁过程中不会产生静电、火花、高温，能够轻易洞穿厚度达3厘米的玻璃与钢板，整个运作过程借助高压高速水射流来实现。根据现场特点以及结合反恐的现实需要，智能排爆机器人分为智能小型排爆机器人、智能中型排爆机器人、智能大型排爆机器人

① 中国人民武装警察部队工程大学：《智能水刀排爆机器人》，专利之星检索系统，http：//cprs. patentstar. com. cn/Search/Detail? ANE = 7AFA9GFC9DID9DAA9HED1ABA9EFF9DGA9DIH9GEB9IDF9EBF，访问日期：2020年7月12日。

三种类型。

反恐机器蚂蚁能够避免引发恐怖分子的注意从而减少恐怖分子对监控设备的破坏。一般把监控恐怖分子的设备安放于隐蔽的角落里，整个监控设备的零件运送与组装过程具有隐匿性与秘密性，这一操作过程可依靠人工智能操控的机器蚂蚁来实现。机器蚂蚁可以完成监控设备的建造工作，也能够执行攀爬楼梯、墙壁等任务。虽然每个机器蚂蚁的宽度仅仅 2 毫米，但它的工作完成速度非常惊人、效率也很高，因此，它又被称之为机器人中的“微型磁动力者”。在人工智能视域下，机器蚂蚁的远程操控借助人工智能和中央电脑来完成。

龙卫士 DragonGuard X3 系列单兵反恐机器人的诞生意味着中国在单兵反恐机器人领域已经进入到世界先进行列。龙卫士 DragonGuard X3 系列单兵反恐机器人综合性能指标全球领先，操作简易，展开行动迅速，适应全地形、全天候、多空间，能被北京公安与武警用于特种作业、侦查、爆炸物处理等反恐领域，研发者是广茂达伙伴机器人有限公司，是中国对单兵反恐机器人的突破。该款机器人曾在中国科学技术协会主办的第二届中国国际警用装备及反恐技术装备展览会上亮相。

在人工智能的理论视域下，灵蜥系列反恐防暴机器人（“灵蜥 - A 型”反恐防暴机器人、“灵蜥 - B 型”反恐防暴机器人、“灵蜥 - H 型”反恐防暴机器人、“灵蜥 - HW 型”反恐防暴机器人）的研发团队都是中科院沈阳自动化所，得益于国家“863”计划的支持。“灵蜥 - H 型”反恐防暴机器人曾在第二届长春东北亚博览会上亮相。“灵蜥 - H 型”反恐防暴机器人是“灵蜥 - A 型”反恐防暴机器人的升级版，可为反恐部门执行特殊任务提供服务。它具有探测及多种作业功能，可有效控制作业与观察周围环境，还装有两台摄像机，作业的最大高度达 2.2 米，最大伸展时抓重能力为 5 公斤，配备机械手可以伸向六个自由向度，能够跨越 0.4 米高的障碍，轻松穿越 40 度角的楼梯或者斜坡，还可以在水中工作，能够在轮子移动方式与履带移动方式之间自由切换，实现越障、爬楼梯、爬斜坡，在各种路况中原地转弯与左右前后移动，对地面具有极强的适应能力。灵蜥系列反恐机器人在世界属于先进行列，在国内也处于领先地位。

“Super－D”新型反恐防爆机器人能够被使用于排除公众场所的危险品与危险物。反恐部门可以在该机器人的机械手上配备机械铲斗轻松铲起重达 30 公斤的物品，也能够选择在机器人身上安装销毁爆炸物的装置，对爆炸物实施就地销毁。机械铲斗比机械手更加安全且更有力量。“Super－D”新型反恐防爆机器人能承担远距离运送危险品的工作，还可以通过携带防爆筒的形式在人工智能的远程控制下放置与处理爆炸物。“Super－D”新型反恐防爆机器人的机械手不仅能掌控机械铲斗，还能在人工智能的帮助下实现转动、弯曲与伸缩。“Super－D”新型反恐防爆机器人的底盘前部安置机械手，前端高出平面的 2 个轮子负责爬坡，底盘下 4 个轮子负责转向与前进，整个外表像一台装置着 6 只轮子的小车。它可以进行各种复杂的动作，包括爬上倾斜角度为 40 度以上的陡坡与楼梯，移动速度可以超过每分钟 40 米，重量是 200 公斤，高、宽、长是 120 厘米、70 厘米、170 厘米，是历经 4 年多时间研发而成的重要成果，被列为国家“863”计划资助项目。①

## 三、非线性作用与动态演化性

以京津冀构建“智慧反恐”体系为例，据北京警方消息：“京津冀警务协同发展工作会议在北京召开，三地签订警务协同发展框架协议，在固化近年来合作成效的基础上，从更高水平、更深层次、更宽领域推进北京、天津、河北警务协同发展，三地还将着力共建反恐防恐网络”。② 防恐怖主义、反恐怖主义网络就是“智慧反恐”体系的开端。学术界解读行为体之间的关系多使用的是结构现实主义、新自由制度主义、建构主义的研究框架，难以适用于分析当前多层面网络、多维度空间、多属性特征、非线性作用、动态演变的“智慧反恐”体系。在非传统安全的理论背景下，采用新方法研究“智慧反恐”体系显得尤为重要。

这里需要对京津冀之间的关系以及“智慧反恐”体系进行回顾与梳理。第一，随着习近平主席把“京津冀一体化”上升为国家战略，“京津冀三角关系从竞争关系走向竞合关系”（Coopera-

---

① 中华人民共和国科技部：《最新发现与创新：我国研制成功新型反恐防爆机器人》，http：//www. most. gov. cn/gnwkjdt/200412/t20041209_17930. htm，访问日期：2020 年 7 月 12 日。

② 王萌萌：《京津冀三地将共建反恐防恐网络，推进警务协同》，新华网，http：//www. xinhuanet. com//politics/2016 - 01/26/c_1117891922. htm，访问日期：2020 年 7 月 12 日。

tion - Competition Relationship)。[1]“竞合关系”不等于三边合作抑或三者竞争，“竞合关系”的本质是既有竞争又有合作的关系。“竞合关系”是指在竞争中求合作，在合作中又包含竞争的动态关系。[2] 具体到京津冀“智慧反恐”体系的议题领域，一方面，在“智慧反恐”体系的构建中，行为体之间的竞争是一种良性竞争。京津冀政府部门可以通过抓重点、树表率、评优秀的方式，鼓励三地的防恐怖主义、反恐怖主义机构争当“智慧反恐”的急先锋、标兵、优秀典型、先进单位。另一方面，在“智慧反恐”体系的构建中，行为体之间的合作是一种积极合作。“智慧反恐”体系的深入发展离不开京津冀三地合作构建信息搜集、数据互通、应用推广的一体化平台。

第二，在“智慧反恐”体系构建中，京津冀三地之间的三对关系是互相联系、互相影响、互相作用的。换言之，京津、京冀、津冀三者之间的关系不是彼此孤立的，京津冀三地的防恐怖主义、反恐怖主义事业是互相渗透、互相联系、交叉作用的，这种交叉作用涉及到京津冀三地的反恐部门、监管物流单位、反恐怖主义教育机构、反恐安保机构、资金审查机构等。京津冀三地的防恐怖主义、反恐怖主义部门是专职反恐机构；京津冀的监管物流部门主要负责监督检查是否有可疑人员通过地铁、公交等公共交通设施携带涉恐怖主义的物资；京津冀的教育机构负有教育未成年人远离恐怖主义组织宣传的责任；京津冀的安保机构负责对辖区内重要景点、公共商业场所、人流聚居区实施全方位、多角

① 新华社：《从竞争走向竞合——聚焦京津冀一体化发展》，中央政府门户网站，http://www.gov.cn/xinwen/2014-07/13/content_2716665.htm，访问日期：2020年7月12日。

② Evert Van De Vliert, “Cooperation - Competition Theory Raises More Questions Than it Answers”, *Applied Psychology*, Vol. 47, No. 3, 2007, pp. 323-327.

度、高效率的安全检查；京津冀的银行负责对非法资金流向进行监管和审查，一旦出现大规模异常的资金流，立即暂停交易并向客户发出警示。

第三，在“智慧反恐”体系构建中，京津冀三角关系是“新三角”关系。基于非传统安全研究的理论背景，与其他传统三角关系相较，无论是内涵外延、层次维度、拓扑结构，还是互动形式、作用关系、聚集效应，京津冀构建的防恐怖主义、反恐怖主义的“智慧反恐”体系必然呈现出新的特征，值得政界和学术界密切关注和深入研究。因此，我们需要借助新理论来分析“智慧反恐”体系的京津冀“新三角”。

# 第五章　非传统安全视域下都市“智慧反恐”的熵控与涨落

如前所述，在非传统安全的研究视域下，欧洲反恐怖主义中心呈现“智慧反恐”体系的多层面网络特点，具有多维度属性，且随着超网络时空拓扑结构的衍生与互动而不断扩展。面对关系如此复杂多变的“智慧反恐”体系，如何发展其中的合作机制？这是学术界亟待解决的研究课题。

## 第一节　都市“智慧反恐”系统熵控、涨落的欧洲经验

通过欧洲反恐怖主义中心的案例解读与数据分析发现，“智慧反恐”体系的构建从三条路径着手：一是发挥超网络序参量对“智慧反恐”体系合作机制的积极作用；二是进行超网络熵控，为“智慧反恐”体系合作机制提供稳定的系统环境；三是警惕外引式涨落可能对合作机制造成的负面影响，建立“智慧反恐”体系内部多层级、多领域、多样化的协调机制。

## 一、“智慧反恐”体系序参量层面的欧洲经验

通过欧洲反恐怖主义中心超网络系统的研究可知，序参量是推动“智慧反恐”体系有序发展的重要参量。在开放且多元化的超网络中，固然影响参量不计其数，但最终能发挥重要作用、维护超网络系统有序发展的参量却只有固定几个。①

如图5—1所示，在非传统安全的研究视域下，欧洲反恐怖主义中心能够推动“智慧反恐”体系合作机制发展的关键参量是中央政府的制度保障、地方政府的落实执行、民众的穿针引线、企业的表率作用、科研机构的科技支撑。其中，中央政府是保障力，地方政府是执行力，民众是促进力，企业是推动力，科研机构是革新力。通过欧洲反恐怖主义中心的案例解读与数据分析，“智慧反恐”体系合作机制能否实现发展的关键是看上述序参量能否发挥合力效应，推动整个系统的综合有序发展。

通过欧洲反恐怖主义中心的解读可知，“智慧反恐”体系是复杂的系统工程。在非传统安全研究的视域下，基于前述序参量的理论知识，应该如何建构“智慧反恐”体系的合作机制？对欧洲反恐怖主义中心的案例解读与数据分析是从如下几条路径着手：第一是中央政府从制度上为“智慧反恐”体系合作提供良好的制度环境与权益保障体系。第二是地方政府坚决落实执行中央政府的政策。第三是鼓励民众参与到“智慧反恐”体系的建构事业。

① ［德］赫尔曼·哈肯著，信息与自组织翻译组译：《信息与自组织》，四川教育出版社2010年版，第6页。

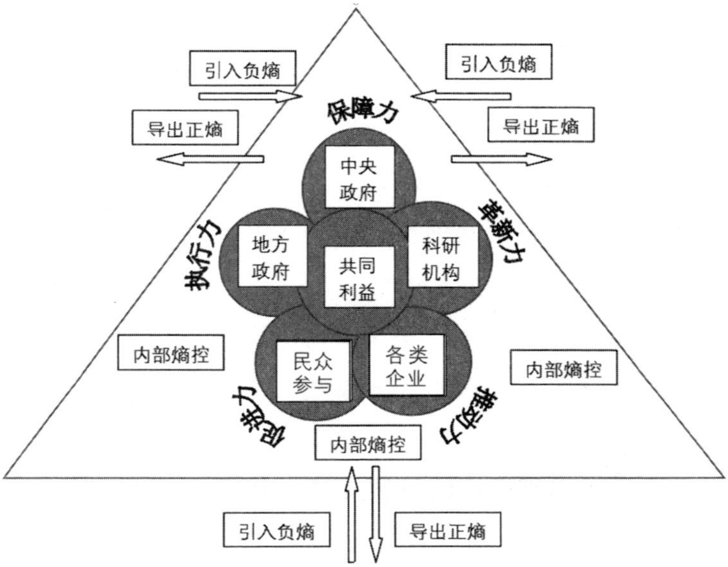


**图 5—1　“智慧反恐”体系的超网络协同模型**

笔者自制。

第四是倡导大型企业发挥表率作用，带动其他中小企业共同参与“智慧反恐”体系的建构。第五是研究机构可以就“智慧反恐”体系的课题进行探讨。这些研究机构的学者可以共同举办“智慧反恐”体系的学术研讨会议，共同申报合作项目等。

## 二、“智慧反恐”体系熵控层面的欧洲经验

在非传统安全研究的理论视域下，除了发挥序参量的积极作用，还不可忽视系统熵的影响。熵有两个定义，广义的熵表示信

息流①；狭义的熵是测量系统中混乱水准的量②。笔者此处使用的是狭义熵的定义。随着系统运转时间的增加，熵是不断增加的。这一过程被称为熵增。在封闭的系统中，熵的增加无处可以排解，最终会导致系统走向崩溃。通过欧洲反恐怖主义中心的案例解读与数据分析，“智慧反恐”系统是个开放的系统，时刻都与外界进行物质和能量的交换。欧洲反恐怖主义中心人工智能系统可以对熵实行控制，即进行熵控。欧洲反恐怖主义中心智能系统的熵包括某些合作项目盲目投资的失败；部分地方政府官员对合作政策的认知分歧；少数人只顾个人利益引发了与当地人的冲突；一些企业不顾合作伙伴的利益单方面撕毁或延期协议；个别研究机构研究项目进展停滞不前等。

通过对欧洲反恐怖主义中心的案例解读与数据分析，该“智慧反恐”系统的熵值公式是 deS + diS = dS。其中 deS 表示系统引入的熵（这个值可以是负数，即负熵），diS 表示系统产生的正熵，dS 表示整个系统的熵值。在封闭系统中，deS = 0，diS = dS，即 diS 不断增大，总体系统熵值 dS 也随之增大，系统最终走向无序和混乱，用公式表示是 0 + diS ↑ = dS ↑。在欧洲反恐怖主义中心这种开放系统中，系统可以引入 <0 的 deS，还可以进行系统内

① Mathias Hudoba de Badyn, Airlie Chapman, Mehran Mesbahi, “Network Entropy: A System - Theoretic Perspective”, *ResearchGate*, https://www.researchgate.net/publication/300414465_Network_entropy_A_system-theoretic_perspective, 2015-12-15, 2021-07-12.

② Qunxi Gong, Min Chen, Xianli Zhao, Zhigeng Ji, “Sustainable Urban Development System Measurement Based on Dissipative Structure Theory, the Grey Entropy Method and Coupling Theory: A Case Study in Chengdu, China”, *Sustainability*, Vol. 11, No. 1, 2019, pp. 1-19.

部熵控与正熵导出，即降低系统内部 diS 的值（diS↓），从而使系统总体熵值 dS 降低（dS↓）。当 $deS + diS = dS < 0$ 时，欧洲反恐怖主义中心系统总体熵值是负数，欧洲反恐怖主义中心系统趋向有序发展。

通过对欧洲反恐怖主义中心的研究可知，“智慧反恐”体系如何实现熵控的目标？根据上述理论分析过程，笔者总结为主要在于如下三个过程：第一，进行“智慧反恐”体系内部熵控，即从内部角度来降低“智慧反恐”体系的 diS。基于欧洲反恐怖主义中心的案例解读与数据分析，“智慧反恐”体系的内部熵控可以从如下几个领域进行：（1）提供“智慧反恐”体系项目风险预警与环境分析的报告。（2）对地方政府公务人员进行培训，让基层办事人员也形成对“智慧反恐”体系的正确认知，目标是确保合作政策落到实处。（3）举办各种“智慧反恐”体系的文化交流互动，调动民众参与到共建“智慧反恐”体系过程，也协调外地人与当地人之间的矛盾。（4）颁发明确的规章制度，要求机器人企业、智能安保企业共同协作，严令禁止超低价营销等恶性竞争手段，对涉及“智慧反恐”体系的企业奖罚分明。（5）设置“智慧反恐”体系的相关科研项目，鼓励科研机构共同参与“智慧反恐”的开发与应用。

第二，从“智慧反恐”体系外部引入负熵，即从外部引入负数的 deS。正熵既然是测量系统混乱水准的量，那么负熵就是降低系统混乱程度的量。通过对欧洲反恐怖主义中心的案例解读与数据分析，“智慧反恐”体系的负熵引入可以从如下几个层面展开：（1）与保险业合作，做好“智慧反恐”体系项目的风险保障。

（2）借鉴“智慧反恐”体系外部的成功案例，例如借鉴其他国家首都或大型城市的成功案例。（3）引进善于平衡矛盾、处理分歧、协调关系的专业人才。（4）学习“智慧反恐”体系外部其他机制的先进管理制度。（5）规避“智慧反恐”体系外部其他机制的风险与缺陷。

第三，导出“智慧反恐”体系的正熵，即导出“智慧反恐”体系的 diS。通过欧洲反恐怖主义中心的案例解读与数据分析，正熵导出就是把引发“智慧反恐”体系混乱的因素排除出系统之外，目标是维护“智慧反恐”体系的整体有序发展。“智慧反恐”体系的正熵导出可以从如下几条路径进行：（1）舍弃高风险的项目。（2）淘汰部分只顾自身利益而伤害合作大局的企业。（3）裁减那些以“智慧反恐”体系名目弄虚作假骗取政府企业投资的个人。总之，通过对欧洲反恐怖主义中心的案例解读与数据分析，结合人工智能理论要实现“智慧反恐”体系正熵导出的目标，关键在于以“智慧反恐”体系规则作为导向，通过“智慧反恐”体系的内部熵控、负熵引入、正熵导出三个过程，达到“智慧反恐”体系总体熵值的下降直至 $<0$，即“智慧反恐”体系 $diS + deS = dS < 0$，维护“智慧反恐”体系内部合作机制的稳定发展。

## 三、“智慧反恐”体系涨落的欧洲经验

如前所述，在非传统安全的理论视域下，欧洲反恐怖主义中心是个开放的“智慧反恐”体系。

需要关注涨落、起伏对“智慧反恐”体系内部合作机制带来

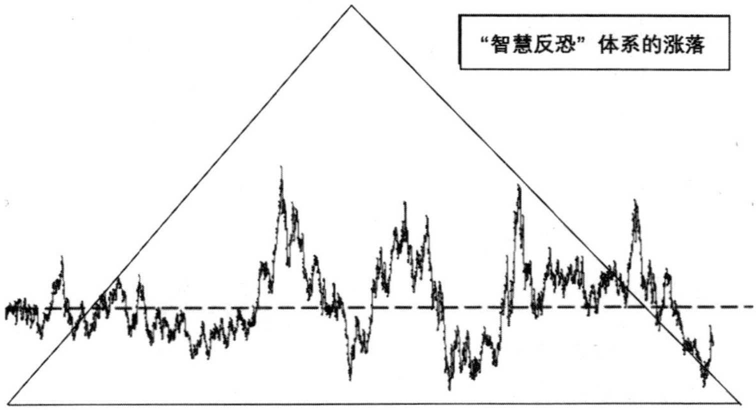


**图 5—2　“智慧反恐”体系的涨落**

笔者自制。

的影响。涨落是指“智慧反恐”体系的上升下降、起伏震荡。①通过对欧洲反恐怖主义中心的研究可知，尤其要关注可能引发“智慧反恐”体系大规模、程度剧烈、突发性的涨落。② 根据引发“智慧反恐”体系涨落的来源分布，可以把涨落分为内发式涨落与外引式涨落。内发式涨落是“智慧反恐”体系内部原因引发的涨落；外引式涨落是“智慧反恐”体系外部因素引发的涨落。熵控就是为了避免“智慧反恐”体系内发式涨落过于剧烈，维护“智

① Wang Li - chao, Yu Yong - li, YangYi, *Fluctuation Mechanism And Control On System Instantaneous Availability*, Oxfordshire, Taylor & Francis Inc, 2015, pp. 2 - 15.

② Takaaki Monnai, “Fluctuation Theorem in Rachet System”, *Journal of Physics A General Physics*, Vol. 37, No. 6, 2004, pp. 75 - 79.

慧反恐”体系的内部合作基础。

外部因素造成的影响就是外引式涨落。通过对欧洲反恐怖主义中心的案例解读与数据分析，对人工智能背景下的“智慧反恐”体系而言，恐怖主义组织与恐怖主义分子发动的突发式袭击是重要的外部变量。首先，恐怖主义组织从传统推广走向新媒体推广，灵活使用社交媒体成为重要特征。其次，恐怖主义组织与内部分裂组织、极端组织相互勾结，危及社会安全稳定。最后，如前所述，恐怖主义组织攻击欧洲大国首都与大城市的趋势日趋明显。恐怖主义组织已经对法国巴黎、德国柏林、俄罗斯莫斯科、英国伦敦等相继发动多起恐怖主义袭击。上述恐怖主义组织实施袭击的形式多种多样且杀伤力巨大，对“智慧反恐”体系构建形成严峻挑战。

## 第二节　都市“智慧反恐”系统熵控、涨落的中国建议

通过前文对于欧洲反恐怖主义中心的经验解读，笔者对中国都市“智慧反恐”体系的熵控、涨落提出以下三条应对建议：一是发挥超网络序参量对都市“智慧反恐”体系构建的积极作用；二是进行熵控，保障都市“智慧反恐”体系构建的环境；三是警惕涨落，注重都市“智慧反恐”体系的协调。

## 一、发挥超网络序参量对都市“智慧反恐”体系构建的积极作用

目前国内城市“智慧反恐”体系的构建尚处于起步阶段，以京津冀“智慧反恐”体系构建为例，其根本原因在于还没有完全做好共同应对恐怖主义组织新变化的协作准备，尚处于彼此试探、有限接触、局部合作的动态调适过程中。当前“智慧反恐”体系的能力提升尚不充分，外界战略环境不容乐观。由此观之，中国城市构建“智慧反恐”体系，就应避免实施面面俱到的政策，而是秉持稳健且实事求是的立场，在困境中开拓思路，在矛盾中探寻机遇，遵循协同式构建的原则，发挥超网络序参量的积极作用，倡导“智慧反恐”体系的规范构建过程。

随着人工智能的推进，“产品制造”应该转化为“产品智造”的呼声越来越响亮。具体到“智慧反恐”体系的机器人制造领域，如何发挥序参量对“智慧反恐”体系合作机制的积极作用？笔者认为主要在于如下几点：第一，中央政府从制度上为反恐机器人科技合作提供良好的制度环境。第二，地方政府坚决推动中央政策的落实执行。第三，向民众普及机器人反恐的意义与重要性。第四，发挥大型企业的表率作用，推动“智慧反恐”体系的协调发展。第五，研究机构可以在反恐机器人制造技术研发上深入合作。

在非传统安全研究的理论视域下，有效交流是打破体系建构观念壁垒的有效方式。防恐怖主义、反恐怖主义事业必然引起各利益攸关方的高度关注。“智慧反恐”体系的提出，澄清了部分人

在防恐怖主义、反恐怖主义策略实施过程中的疑虑。“智慧反恐”体系基本容纳了所有的利益攸关方，是以智能的方式公开展示防恐怖主义、反恐怖主义政策的最佳平台。倡导构建都市间“智慧反恐”体系，就是通过主动且有效的交流，提供最透明、最便捷、最前沿的沟通平台，让利益攸关方知晓防恐怖主义、反恐怖主义事务的和平意图，淡化因信息不足导致的误解。

随着人工智能的推进，能够提出被广泛认同的政治理念是行为体软实力的重要表现。提出构建“智慧反恐”体系，本质上就是防恐怖主义、反恐怖主义思想精华结合人工智能理论，凝练成所有利益攸关方能够普遍接受的政治理念。在西方现实主义国际关系理论仍然主导防恐怖主义、反恐怖主义思维模式的今天，即使在国际恐怖主义与反恐怖主义事务上，利益攸关方之间也难以摆脱地缘政治竞争与实力政治的束缚。因此，提出构建“智慧反恐”体系，不仅能实现都市间的区域安全，在人工智能背景下还能对全球范围内的区域安全有借鉴意义，这也符合国际关系重要案例具有推广价值的定律。

在人工智能的理论视域下，当理念被广泛接受，则会用于规范构建。“智慧反恐”体系的建章立制，就是将某一得到共识的理念转化为规范。例如，提出构建京津冀“智慧反恐”体系的使命，就是在制度构建层面形成具有人工智能特色的知识体系，提出凝聚集体智慧、结合人工智能、面向京津冀治理公共议题的方案；构建京津冀“智慧反恐”体系的最终目标，是确保“反恐方案”能够与京津冀区域规范相结合，为京津冀安全贡献力量，实现北京与其他利益攸关方相互学习、共同协作、协商共进，为“京津冀一体化”战略奠定坚实基础。

## 二、进行熵控，保障都市“智慧反恐”体系构建的环境

熵控的实现需要以正确的理念作为指导。都市“智慧反恐”体系的熵控依赖于“命运共同体”理念的指导价值，这体现在以下三个方面：一是都市“智慧反恐”体系的共同价值反映在“命运共同体”的新型权力观之中。从“命运共同体”理念出发，安全秩序是共生型而非独存型的秩序，社会发展规律的结果必然是域内行为体相互依赖关系的进一步深化。鉴此，提倡“智慧反恐”体系应相互尊重彼此的合理关切，各行为体应超越地缘政治竞争理念所倡导的“以权压服”力量观，通过规范安排来构建“智慧反恐”体系共克时艰的新型权力观，维护在“智慧反恐”体系中彼此之间的共生共存的合作关系。

二是都市“智慧反恐”体系的共同伦理基础是基于“命运共同体”的新型利益观。行为体之所以对治理建章立制的理念存在分歧，是因为难以处理私利与公利之间的矛盾，导致防恐怖主义、反恐怖主义工作缺乏核心价值指导。“命运共同体”理念承认利益攸关方存在利益诉求的多元化和差异化，但认为它们之间的利益关系具有共同性和非零和性。单个都市与其他在地区拥有利益诉求的行为体一样，都是利益链的组成部分，彼此之间的利益交融形成了共同的利益关切，并塑造出同为防恐怖主义、反恐怖主义利益攸关方的共有身份。在这种身份认知下，建设和平稳定的都

市“智慧反恐”体系就是承载各行为体共同利益的基石，各行为体必然采取有利于都市防恐怖主义、反恐怖主义总体发展的举措来妥善处理利益分歧，在维护自身利益的同时，促进共同利益的扩展，从而奠定都市“智慧反恐”体系的共同伦理基础。①

三是都市“智慧反恐”体系的共同义务基础是基于“命运共同体”的新型责任观。责权是有机的统一体，如果只讲权益不讲责任，那么都市“智慧反恐”体系的成效必将大打折扣。都市“智慧反恐”体系需要域内外行为体的共同参与。在保护安全、增加合作的过程中，有关各方存在不同侧重的利益考量，出现集体协作不一致的情况。这就需要各行为体求同存异，合理化解可能的威胁，共同承担构建“智慧反恐”体系的责任。当然，共同责任不是平摊责任，而是各行为体根据参与建构“智慧反恐”体系能力与程度的不同，承担相应的责任。例如，都市“智慧反恐”体系的北京责任，就是承担建构“智慧反恐”体系的牵头者义务，建设都市“智慧反恐”的示范区，做到言必出、行必果。

总而言之，都市“智慧反恐”体系的建构事关国家首都的安全、地区和谐发展的大局。然而，无论是单个政府还是企业，都无力独自承担防恐怖主义、反恐怖主义所需的公共产品的成本。为了规避“金德尔伯格陷阱”②，结合人工智能的发展背景提出相

① 杨剑、郑英琴：《“人类命运共同体”思想与新疆域的国际治理》，《国际问题研究》，2017年第4期，第4页。

② 金德尔伯格陷阱是指没有行为体有能力或有能力却没有意愿来承担国际公共产品的成本，产生了一种领导力真空局面。蔡昉：《金德尔伯格陷阱还是伊斯特利悲剧？——全球公共品及其提供方式和中国方案》，《世界经济与政治》，2017年第10期，第5—6页。

关行为体共建都市“智慧反恐”体系的倡议，做出自主承诺，为社会共同发展与人民生活提供强大动力与安全稳定，这是共担责任、提供力所能及的公共产品的建设性举措，有助于增强互利共赢。因此，都市“智慧反恐”体系的提出并非是无本之木、无源之水，而是基于“命运共同体”的理念价值与时代呼唤，提议构建共同维护都市安全的机制，有利于构筑一个都市之间协力促进的共同体。

## 三、警惕涨落，注重“智慧反恐”体系的协调

如前所述，“智慧反恐”体系的超网络系统是非线性的，即“系统输入与系统输出不呈线性关系”①。基于人工智能的理论知识，“智慧反恐”超网络系统的内部机制可以起到放大或缩小外部影响力的作用。因此，中国都市应建立多层级、多领域、多方式的防恐怖主义、反恐协调机制，循序渐进地拉进距离，利用“智慧反恐”体系内部有效性机制消减外部力量的影响，把“机制组织作为进行沟通与凝聚共识的平台”②。中国都市防恐怖主义、反恐怖主义机构可以依托“智慧反恐”体系机制平台定期轮流举办会晤与交流活动，深化中国都市对防恐怖主义、反恐怖主义合作的认知，引导中国都市的民众与企业对“智慧反恐”体系形成共

① Tobias Schweickhardt, Frank Allgöwer. On System Gains, “Nonlinearity Measures, and Linear Models for Nonlinear Systems”, *IEEE Transactions on Automatic Control*, Vo. 54, No. 1, 2009, pp. 62 – 78.

② 王明国：《制度实践与中国的东亚区域治理》，《当代亚太》，2017年第4期，第86—121页。

识与理解，培育中国都市的民众对“智慧反恐”体系的参与感和责任感，把合作情、友爱谊、和平志融入到都市“智慧反恐”体系建设中来，用机制保障“智慧反恐”体系的深入发展。

尊重是建构中国都市“智慧反恐”体系协调机制的基本原则。结合非传统安全研究的理论背景，在建构中国都市“智慧反恐”体系协调机制过程中，尊重的内涵包括三个方面：一是要领会并且遵循国家领导人的权威性解读及其规范安排。以京津冀“智慧反恐”体系构建为例，坚持在构建“智慧反恐”体系中倡导和践行多边主义，是遵循习近平主席提出“京津冀协同发展是一个重大国家战略”①、李克强总理做出的“京津冀一体化政府报告工作方案”② 的表现。“智慧反恐”体系不能由任何一方来决定，而应在京津冀协同发展的框架下，由所有的利益攸关方共同协商来决定。二是要尊重所有利益攸关方的合理关切。这包括尊重中国都市“智慧反恐”体系利益相关方，例如尊重北京、天津、河北作为地方政府的管辖权，尊重京津冀居民的安全利益诉求，尊重其他域外行为体进行合理合法活动的权利，尊重京津冀反恐机构付出的努力。三是建构中国都市“智慧反恐”体系需要相互尊重。只有在相互尊重的基础上，才能获得平等参与建构“智慧反恐”体系的身份，才能在各个层次的舞台上，展示中国都市建构“智

① 北京市发展和改革委员会：《京津冀协同发展重大国家战略实施五周年成效》，http：//www. beijing. gov. cn/ywdt/zwzt/jjjyth/zxxxi/201902/t20190225 _ 1819365. html，访问日期：2021 年 7 月 12 日。

② 京津冀协同发展领导小组办公室：《聚焦京津冀协同发展：2030 年基本形成一体化格局》，http：//theory. people. com. cn/n/2015/0824/c49154 – 27505403. html，访问日期：2021 年 7 月 12 日。

慧反恐”体系的合理诉求与政策初心，加强与其他“智慧反恐”体系利益攸关方的相互了解，方能释放善意、建立京津冀之间的互信，营造京津冀和睦的关系，从而推动“智慧反恐”体系的长远发展。

合作是建构中国都市“智慧反恐”体系协调机制的有效路径。“联旌者襄胜，众行者易趋”，中国都市“智慧反恐”体系所需的资源绝非一方所能承担，唯有依靠整体力量，才能有效应对恐怖主义组织带来的新变化。建构中国都市“智慧反恐”体系合作的内涵包括三个方面：一是都市“智慧反恐”体系合作对象的多元性，地方政府与非政府行为体共同开展合作。例如，政府和参与反恐的企业、研究机构积极合作。二是都市“智慧反恐”体系合作层面的多维性，在区域性、次区域的多边和双边舞台开展都市“智慧反恐”体系的合作。三是都市“智慧反恐”体系合作议题的多样性，可以围绕人工智能反恐开发、人工智能反恐应用、人工智能的都市资源配置、人工智能反恐人文交流等议题领域开展全方位合作。

共赢是建构中国都市“智慧反恐”体系协调机制的核心价值观。当前部分企业之间的争端，以及少数人之间的紧张关系，其源头是自利主义指导下的独赢思维。① 基于建构中国都市“智慧反恐”体系的长远影响与发展趋势，行为体必须反思个体主义与自助原则对社会稳定健康运行所造成的危害。换言之，建构中国都市“智慧反恐”体系坚持互助共赢的新价值观，是一种能摆脱

① 喻名峰：《全球正义：罗尔斯正义理论的国际拓展》，《湖南师范大学社会科学学报》，2011 年第 3 期，第 79—82 页。

原有治理困境的新理念。中国都市在建构“智慧反恐”体系中坚持共赢原则，主要体现在两个层面：一是区域层面，实现都市“智慧反恐”体系利益攸关方在各个议题领域中的协同共进，寻找并扩大彼此间的共同利益与合作基础，确保实现域内外利益攸关方能够普遍性获益。二是“政府—公众”关系层面，实现政府倡导与调动公众参与反恐事业的和谐统一，构筑政府与公众共建都市“智慧反恐”的协同系统。

可持续是建构中国都市“智慧反恐”体系协调机制的实践底线。顶层设计与长期实践，是确保“智慧反恐”体系可持续发展的基本路径。当前都市防恐怖主义、反恐怖主义存在三方面问题：一是反恐模式改革创新力度不够；二是反恐投入缺乏长效性；三是反恐议题一事一议偏多。在非传统安全理论与人工智能研究的基础上，重构防恐怖主义、反恐怖主义的基本思路，应该重视中国都市“智慧反恐”体系的可持续发展，这就需要通过正式和非正式的规范安排，统筹协调不同地方政府之间，企业、公众之间的差异。在中国都市“智慧反恐”体系实践的过程中坚持可持续性，主要体现在两个层面：第一，确保中国都市“智慧反恐”研发的可持续性，加大对反恐机器人、反恐侦查机、反恐巡逻车等项目的长期投入力度，致力于维护地区安全稳定。第二，确保中国都市“智慧反恐”应用的可持续性，实现人工智能安全类产品应用于大规模活动，保护公众安全，维持地区的长久发展。

建构“智慧反恐”体系协调机制所秉持的原则底线，可总结为平等、尊重、互惠、共赢、可持续性。坚持这些原则，有助于推动中国都市“智慧反恐”体系建构的利益攸关方在和平、稳定和高效的合作环境中实现创新和可持续发展。作为“智慧反恐”体系的参与者与建设者，需要持久秉持共商、共享的理念，推动建构“智慧反恐”体系的新秩序。建构中国都市“智慧反恐”体系协调机制的政策构架，反映出一个明确的信息，即坚定不移地在多边主义框架下，进行“智慧反恐”体系的规范制定。由此而言，中国都市“智慧反恐”体系的建章立制过程，与人工智能、政治安全、经贸发展、增强互信、捍卫合法权益等战略需求密切相关。

通过上述几个部分的分析，我们可以得出结论：“智慧反恐”体系是多层面、多维度、多领域的超网络系统，“智慧反恐”体系的网络拓扑结构随着时间与空间不断演变。通过发挥“智慧反恐”体系序参量的积极作用，进行“智慧反恐”体系的超网络熵控，警惕并设法消减外引式涨落对“智慧反恐”体系的消极影响，能为非传统安全研究视域下的“智慧反恐”体系提供良好的环境，促进“智慧反恐”体系合作机制的长远发展。那么现在可以进一步追问：使用人工智能超网络理论分析“智慧反恐”体系的意义何在？关注“智慧反恐”体系的熵并进行“智慧反恐”体系熵控的意义何在？分析外部干扰因素可能导致“智慧反恐”体系涨落的意义何在？这背后其实是在用人工智能超网络思维取代简单性还原论。人们在探索世界的过程中，基本上形成了对客观世界分析的两种思维方式：一种是认为现实世界适用于简单还原的方法，强调把复杂的事物分解为简单的要素来进行研究。所谓简单还原论的“还原”，就是蕴含着简化的含义。另一种是将世界视为复杂且不断演化的网络，认为个体之和不等于整体，坚持只有从整体着手才能探索事物的本质。

如果用简单还原论来分析中国都市反恐怖主义，就是把这一关系等同于各城市反恐怖主义的简单叠加，抑或是把各城市反恐怖主义分别进行浅显罗列，这恰恰忽略了中国都市“智慧反恐”体系的复杂性、多维性、非线性，也没有考虑到中国都市“智慧反恐”体系随时空变化而不断演化的特征，更是忽略了中国都市“智慧反恐”体系内部的互相影响与互相作用。因此，笔者在解读欧洲反恐怖主义中心的基础上，分析了“智慧反恐”体系的超网络系统特点，提出了“智慧反恐”体系如何进行超网络协同的理论模型，并应用于分析人工智能视域下“智慧反恐”体系合作机制的建构，以期有利于促进中国都市“智慧反恐”体系的理论研究与实践应用。

# 第六章　非传统安全视域下中国都市“智慧反恐”体系的协同式构建

中国都市防恐怖主义、反恐怖主义是事关城市安全的大业，建立中国都市“智慧反恐”体系是增强反恐怖主义实力的最佳途径。基于此认知，进行规范塑造成为中国都市“智慧反恐”体系的互动要义。中国都市“智慧反恐”体系的规范实践将在多个层面同时展开。在规范的演化进程中，中国都市按照“协同式构建”原则，更符合防恐怖主义、反恐怖主义的现实需要，同时有助于在“稳健务实、合作共赢”的理念指引下，构建“都市命运共同体”。从长远来看，中国都市建立“智慧反恐”体系，必将遵循的是一条协同式构建的道路。

## 第一节　非传统安全视域下“智慧反恐”协同式构建的内涵

恐怖主义组织的一体化与高科技化趋势，不仅考验着中国都市捍卫安全的决心，而且为“智慧反恐”体系合作提供了契机。

中国都市警务机构的合作日渐频繁，造就共同建构防恐怖主义、反恐怖主义秩序的可能性。中国都市开始集体讨论实现“智慧反恐”体系的行动路线图，陆续开展了防恐怖主义、反恐怖主义的科研、演练、宣传等实践活动。

面对防恐怖主义、反恐怖主义形势，北京市政府及北京市防恐怖主义、反恐怖主义机构自然不可缺位。然而在进行“智慧反恐”体系政策构建的过程中，仍需回答如下问题：应独挑大梁还是协同构建？应全面参与还是有重点地参与？应采取进取型策略还是稳健型策略？在历史的长河之中，随处可见回应上述问题的智慧浪花。正因为任何行为体都存在力量投射的极限，城市参与区域的治理事务，如果不经细致研判就贸然采取相关策略，便极易导致力量损耗和战略失效，甚至面临得不偿失的境况。就此而言，“协同式构建”原则的提出，恰逢其时又实属必然。

## 一、人工智能时代协同式构建“智慧反恐”体系的现实依据

“协同式构建”是指中国地方政府及防恐怖主义、反恐怖主义机构以负责任、合作式、友好型的方式主动参与地区“智慧反恐”体系的规范构建过程，提出主张，做出贡献，培育共建“智慧反恐”体系的和谐合作友好氛围。在非传统安全研究的背景下，提出“协同式构建”原则，不仅基于中国都市在既有“智慧反恐”体系秩序中的身份定位，还源于对都市的安全利益诉求与反恐区域治理之间关系的深刻研判。

在人工智能时代构建都市的“智慧反恐”体系，本质上是行为体主动接受并融合新生事物的行为，是一种积极探索与创新。例如在人工智能的理论背景下，京津冀构建“智慧反恐”体系之所以能够引导自愿参与和集体协作，是因为这种集体协作的愿景具有共赢性与公益性。就构建都市“智慧反恐”体系的政策基调而言，需重点考虑安全利益诉求的相关性与反恐治理环境的契合度。在非传统安全研究的理论视域下，防恐怖主义、反恐怖主义数据库应跨越城市限制。坚持在多边主义框架下协同式建构中国都市的“智慧反恐”体系，是事关防恐怖主义、反恐怖主义大业成败的关键。

## 二、人工智能时代协同式构建“智慧反恐”体系的逻辑脉络

以北京为例。在人工智能时代，北京与世界其他大国首都、周边城市的互动关系发生了深刻变化，相关背景有三：一是伴随人工智能的全球化浪潮，北京涌现了大量机器人研究机构与公司。北京在与世界各国首都人工智能技术的比拼中占据越来越不可忽视的地位。二是“京津冀一体化”从政治、经济、文化领域转向包括防恐怖主义、反恐怖主义领域在内的新疆域。三是北京的力量凭借，从重点依靠硬实力转变为软实力和硬实力并举。上述这三个基本判断，促使北京在世界各国首都对比中的身份从“旁观者”与“追随者”，向“建设者”和“引领者”转变，搭建了中国都市构建“智慧反恐”体系的基础。

在人工智能时代，中国都市协同式构建“智慧反恐”体系的提出，是立足于近年来防恐怖主义、反恐怖主义的实践经验以及城市警务合作的现实。在“智慧反恐”体系的语境下，难点是如何将地缘政治竞争思维塑造为“命运共同体”。协同式构建都市“智慧反恐”体系的根本目标是借助高科技与智能化手段，搭建行为体之间互联互通、共存共赢、合作发展的防恐怖主义、反恐怖主义平台，其逻辑脉络可总结为“知晓、理解、赞同、接受”，即：让利益攸关方知晓都市“智慧反恐”体系的意图，理解都市“智慧反恐”体系的共同安全利益诉求，赞同都市“智慧反恐”体系的新理念，接受都市“智慧反恐”体系的新方案。

## 第二节　非传统安全视域下“智慧反恐”协同式构建的政策

在人工智能时代，防恐怖主义、反恐怖主义工作绝非某一都市的“专属事务”，无论是反恐数据库构建，还是反恐安保系统、识别系统、机器人系统的应用，均超越了地理边界，具有了跨区域的联动意义。地区政治系统安全、人员体系安全、经贸体系安全都很可能遭受到恐怖主义组织的威胁，具有构建防恐怖主义、反恐怖主义治理体系的合理需求。在人工智能时代，中国都市选择协同式构建“智慧反恐”体系，其政策制定需要回答以下四个基本问题：一是中国都市以何种身份构建“智慧反恐”体系？二是作为建构者与参与者，首都应设置防恐怖主义、反恐怖主义的何种目标？三是在全球化的时代，中国都市协同式构建“智慧反恐”体系应坚持哪些原则底线？四是作为负责任的行为体，中国都市应倡导何种政策理念来推动防恐怖主义、反恐怖主义？上述这四个问题，可理解为如何明确中国都市建构“智慧反恐”体系的身份定位、目标设置、原则底线、理念秉持。笔者以这四个问题为导向，阐述中国都市协同式构建“智慧反恐”体系政策的基本架构。

## 一、人工智能时代都市协同式构建“智慧反恐”体系的身份定位

在人工智能时代，中国都市需要以合理的身份建构“智慧反恐”体系。在地缘政治竞争仍然发挥重要影响力的今天，都市之间身份鸿沟，导致处理一体化事务时，时常面临身份困扰。坦言之，都市唯有建构既符合自身利益、又不偏离道义的身份标识，方能跳出预设的话语陷阱。由此观之，中国都市在建构“智慧反恐”体系的过程中，坚持以“城市一体化的参与者和推动者”“重要利益攸关方”“负责任的伙伴”为基点来表述身份，有助于保证“智慧反恐”体系的实施效果，实现城市利益与区域责任的平衡。

“重要利益攸关方”（Important stakeholder），这一身份源于都市区域治理议题之间的多维联系。所谓“重要利益攸关方”，是指具有重要利益相关性、有权参与可能影响自身利益议题领域或决策过程的行为体。反恐事务具有能够产生跨区域影响的特性，尤

其是反恐事务中的安全保证、科学研究、交通管理、情报分析等议题，都关系到包括都市间的共同利益。“重要利益攸关方”的提出，将都市的关系，从自然地理层面，上升为共同利益层面，直接明确了都市拥有建构“智慧反恐”体系事务的合理诉求与重大利益关切。此外，这一身份概念超越了首都与非首都、直辖市与非直辖市之间的身份界限，从而有更强的适用性，能够整合与“智慧反恐”体系事务有利益联系的行为体，达成共同善治的区域共识。然而，只讲利益诉求，会引起其他利益攸关方对都市构建“智慧反恐”体系的目标产生疑虑，造成逐利与担责之间的失衡，这就需要都市进一步思考如何优化建构“智慧反恐”体系的城市形象，以实现权责统一，赢得公信力。

“负责任的伙伴”（Responsible Partner）这一概念源自新时代的义利观，是都市协同式构建“智慧反恐”体系身份定位的指导原则。都市构建“智慧反恐”体系，本质上是都市成长为区域领头羊的必然要求，如果仅仅以捍卫自身利益为名来界定都市建构“智慧反恐”体系的合法性，未免落入“零和博弈”的思想桎梏。因此，都市建构“智慧反恐”体系应坚持责任与利益的辩证统一，强调“义高于利”的原则，来处理好与其他行为体之间的关系。①“负责任的伙伴”这一身份的提出，是在都市协同式建构“智慧反恐”体系的过程中，践行新时代义利观的需要。“负责任的伙伴”不仅体现了都市是坚守正义、立信守诺的负责任行为体，而且表达了都市愿与所有“智慧反恐”体系事务利益攸关方建立平

① 秦亚青：《正确义利观：新时期中国外交的理念创新和实践原则》，《求是》，2014 年第 12 期，第 55—57 页。

等和睦伙伴关系的良好愿望。这一概念是都市构建“智慧反恐”体系的角色创新，是都市为建构平等、公正、合理的“智慧反恐”体系治理秩序提供的思想贡献。

在人工智能时代，都市协同式构建“智慧反恐”体系的身份选择，不仅应考虑政治语义学的问题，更应兼顾传统义利观与人工智能防恐反恐的最新应用成果。因此，当前都市建构“智慧反恐”体系的身份，必然是对“都市一体化的参与者和推动者”“重要利益攸关方”“负责任的伙伴”进行辩证统一的结果。唯有如此，都市方能化解其他行为体的疑虑，规避西方国际政治理论所认同的“强必霸”的逻辑陷阱，从而为都市协同式建构“智慧反恐”体系提供合理性依据。

## 二、人工智能时代都市协同式构建“智慧反恐”体系的目标设置

在人工智能时代，身份决定观念，观念影响行为。协同式建构“智慧反恐”体系的目标设置，都市既不能缺位，也不能越位，更不能独行。不缺位，指的是都市不能缺席“智慧反恐”体系建构的建章立制过程，而应积极参与“智慧反恐”体系建构的议题领域，发出都市倡议，提出都市方案，做出都市贡献。不越位，指的是都市在追求自身利益的同时，不会做逾越身份权限的事情。不独行，指的是都市与其他行为体合作共同建构“智慧反恐”体系。都市协同式建构“智慧反恐”体系的目标设置，应按照循序渐进的原则，分为了解“智慧反恐”体系、实施“智慧反恐”体

系、发展“智慧反恐”体系三个阶段。

在人工智能时代，了解“智慧反恐”体系是都市协同式建构“智慧反恐”体系的近期目标。了解“智慧反恐”体系是为了充实对人工智能、防恐怖主义、反恐怖主义知识的积累，为深入参与人工智能反恐奠定信息基础。了解“智慧反恐”体系的基调是尊重“智慧反恐”体系的参与方，这包括尊重“智慧反恐”体系利益攸关部门在反恐领域的付出，尊重都市居民的安全需求，尊重其他行为体在都市的安全关切。鉴此，评估都市构建“智慧反恐”体系可持续发展能力和都市居民适应状况，主要关注点集中在反恐需求与反恐系统供给是否能实现平衡的问题。这需要持续增强都市建构“智慧反恐”体系的物力、人力、财力的支持力度，探索都市建构“智慧反恐”体系变化的规律，为提升都市建构“智慧反恐”体系的有效性创造有利条件。可以说，在相当长的一段时期内，都市建构“智慧反恐”体系实践都将担负着都市长治久安的时代重托。

在人工智能时代，实施“智慧反恐”体系是都市协同式构建“智慧反恐”体系的中期目标。实施“智慧反恐”体系是为了应对恐怖主义组织新变化带来的安全性影响，保护都市的安全与稳定，提升反恐怖主义机构应对全球恐怖主义威胁新变化的适应力。实施都市“智慧反恐”体系包括三个方面：一是以协同式构建的基本原则为导向，切实履行都市在“城市一体化”中的承诺与责任，以实际行动阻止恐怖主义组织的影响。二是激发都市居民对于保护居住所在地的热情，让每一个都市居民都行动起来。从区域的视角，提高对都市政府—公众互动影响的认知深度，研究都市公众对防恐怖主义、反恐怖主义事业的贡献力。三是都市政府与人工智能相关的企业、科研机构开展合作。都市政府倡导机器人、无人机、人脸识别、无人巡逻车、红外检测装备等人工智能相关的企业参与构建“智慧反恐”体系。

在人工智能时代，发展都市“智慧反恐”体系是都市协同式构建“智慧反恐”体系的长期目标。积极推动都市“智慧反恐”体系的可持续发展，是都市协同式构建“智慧反恐”体系的重要使命与长远目标。发展“智慧反恐”体系的内涵有三：一是推动都市“智慧反恐”体系有重点的发展。结合人工智能参与防恐怖主义、反恐怖主义事业，都市“智慧反恐”体系发展的重点领域包括都市“智慧反恐”的数据系统、都市“智慧反恐”的识别系统、都市“智慧反恐”的专家系统、都市“智慧反恐”的模拟系统、都市“智慧反恐”的安检系统等。二是促进都市“智慧反恐”体系的和谐发展。都市通过与其他行为体进行平等协商，在大合作框架下与有关各方围绕防恐怖主义、反恐怖主义领域的规范构建进行协商与合作，营造都市“智慧反恐”体系共商共建的氛围。三是推进都市“智慧反恐”体系的有序发展，构建都市“智慧反恐”的“创意—研发—实验—检测—应用”一条龙体系。

都市协同式构建“智慧反恐”体系的目标设置，源于行为体的实力、行为体的利益、行为体的义务三大动因。从行为体的实力来看，与其他城市相较，北京是具有重要影响力的首都城市。然而，“智慧反恐”体系的构建不可能只依靠都市警务机构一方的力量，因此了解都市“智慧反恐”，获取必须的都市“智慧反恐”知识，是都市协同式构建“智慧反恐”体系的基础目标。从行为体的利益来看，都市“智慧反恐”与都市的政治、经济、安全三大利益相关，在充足且准确的知识储备基础上采取协同式构建都市“智慧反恐”体系的路径，就是最有效地捍卫都市的权益。从行为体的义务来看，都市的发展离不开周边城市的发展。都市牵头负责地区的安全稳定问题，为都市人民带来宝贵的发展机遇与真实福祉，既符合都市的利益，又承担了都市的义务。因此，都市积极构建“智慧反恐”体系，是让都市人民共享安全稳定的宝贵奉献，是都市“美美与共、共赢共存”价值观的最佳表现。总而言之，都市积极构建“智慧反恐”体系的三个目标，不仅在逻辑上相互衔接，而且在理念上层层递进，具有可行性与有效性。

## 三、人工智能时代都市协同式构建“智慧反恐”体系的原则底线

纵观传统上都市的地缘政治格局，可用“自助为主、合作为辅”来概括。都市一体化秩序的构建之所以存在困难，不仅在于深受地缘政治竞争传统的影响，更源于既有都市治理“核心—外围”格局中的权力差引发的区域矛盾。在人工智能时代，由构建都市“智慧反恐”体系愿景推动的防恐怖主义、反恐怖主义合作格局，出现了一个新的特点，那就是一个利益攸关方共同合作防恐怖主义、反恐怖主义的时代已经来临。都市可以说是一地的经济、政治及文化中心，在协同式构建“智慧反恐”体系的过程中，都市应划设原则底线。既要正视都市在构建“智慧反恐”体系问题上的先发优势，又要兼顾其他利益攸关方在地区的安全利益诉

求，更要护持民众的安全权益。由此观之，都市协同式构建“智慧反恐”体系的基本原则，至少包括两根支柱：坚持“多边主义”和坚持“共生主义”。

坚持“多边主义”（Multilateralism）就是坚持“普惠性原则”，在都市协同式构建“智慧反恐”体系的语境下，坚持“普惠性原则”，是指坚持“普遍性原则”与“互惠性原则”，是让尽可能多的都市“智慧反恐”体系利益攸关方受益的原则。反对单边主义，重视政府间组织对协同式构建都市“智慧反恐”体系与都市政府间互动的作用。① 多边主义原则的核心，就是尊重与合作。

都市协同式构建“智慧反恐”体系要坚持“共生主义”（Conviviality），就是在构建都市“智慧反恐”体系过程中，坚持“求同存异”原则。在利益关注、文化传统、参与目标等方面都存在差异的利益攸关方之间，通过都市间平等协作与良性交流来实现共存共赢。“共生”的字面意思是“共同生存”，对应的英语词汇为“Symbiosis”和“Conviviality”。“Symbiosis”是指生态学层面的“双方受益的共栖”，旨在通过与他者的协作实现自我生存；“Conviviality”是指社会学层面的“相互欣赏，共同合作”，旨在通过求同存异实现和谐共处。② 都市强调构建“智慧反恐”体系

① “多边主义”在个体与体系层面存在两种含义：一是作为对待关系的基本方式，通过谈判的方式寻求解决方案；二是作为一种互动的方式，强调从地区或全球层面考虑制度性因素对行为体互动的影响。秦亚青：《多边主义研究：理论与方法》，《世界经济与政治》，2001 年第 10 期，第 9 页。

② 张永缜：《马克思主义共生理论探微》，《理论导刊》，2014 年第 12 期，第 10 页。

“共生主义”原则的核心，就是都市“智慧反恐”体系的共赢与可持续。

## 四、人工智能时代都市协同式构建“智慧反恐”体系的理念秉持

在人工智能时代，都市“智慧反恐”体系的规范构建，是将“智慧反恐”的理念转化为制度的过程。不同理念指导下构建的规范，必然对行为体的行为产生不同的影响。当前防恐怖主义、反恐怖主义领域的规范构建竞争，本质上是不同政治理念之间争夺合法性和有效性的过程。现有两种治理理念：地缘政治竞争理念、区域治理理念。地缘政治竞争理念的核心是“地理因素决定行为体的行为”，强调行为体自身的实力和利益，忽视他者的利益和新时代行为体之间的相互依赖，主张行为体“自扫门前雪”，且对域外行为体的合理诉求采取敌视和抵制的态度。落实到规范引导实践，则表现为都市对防恐怖主义、反恐怖主义的“各自为政”。区域治理理念的核心是“域内协调”，即实现以区域为平台的域内联合治理。在这种理念指导下的规范构建，以维护区域合作为目标，实现都市间共同应对恐怖主义组织与恐怖主义分子的威胁，然而，这一治理理念过于宏观，多用于顶层设计而非具体实践应用。由此可见，上述两种治理理念及其规范塑造虽然各有支持者，但始终无法解决都市域内外行为体之间的利益诉求冲突，更无法调和安全保护与资源分配之间的矛盾。这就为提出新的治理理念做好了舆论准备。

在都市一体化大框架的基础上，都市与其他利益攸关方共建“命运共同体”，建构共生型的防恐怖主义、反恐怖主义秩序，是人工智能时代都市“智慧反恐”体系规范构建的核心理念。在人工智能时代，“智慧反恐命运共同体”的提出，是源于“人类命运共同体”理念与人工智能科学技术防恐怖主义、反恐怖主义应用相结合的成果，向其他利益攸关方提出了合作共赢的都市防恐怖主义、反恐怖主义方案。

## 第三节　非传统安全视域下“智慧反恐”协同式构建的路径

在人工智能时代，都市协同式构建“智慧反恐”体系的建章立制，一方面推动利益攸关方采取相对统一的行为模式，另一方面也促进都市“智慧反恐”体系规范性话语权的分化与集聚。如何从人工智能视域下构建都市“智慧反恐”体系是本书研究的主要目标。人工智能的推广力度不足，传统地缘政治思维束缚，警务机构对社交媒体掌控能力不济，都意味着都市“智慧反恐”体系必然面对来自公众舆论的评判和其他替代性方案的竞争压力，因此，笔者后续重点研究都市协同式构建“智慧反恐”体系的路径有效性。这就表明：都市协同式构建“智慧反恐”体系建章立制的过程，必将遵循综合性和具体性相结合的路径选择思路。本小节从理念对接、议题设置、标准推广三个维度出发，探讨都市协同式构建“智慧反恐”体系的路径。

## 一、人工智能时代都市协同式构建“智慧反恐”体系的理念对接

在人工智能时代，防恐怖主义、反恐怖主义发生的重要变化究竟是什么？答案是理念，即从传统的单打独斗理念转变为协作配合理念。恐怖主义组织的新威胁让都市深刻认识到封闭管理虽能维持一时的安全，但最终难以应对恐怖主义组织带来的冲击，也无法真正有效地阻止恐怖主义势力的蔓延。都市“智慧反恐”体系的建立与发展，是落实都市间共同协作与互相配合理念的基本途径。当代协同式构建都市“智慧反恐”体系理念的时代呼唤，就是行为体兼顾自身利益与共同利益之间的平衡。随着近年来都市以更积极的姿态参与区域事务，提出能够与当代都市共同防恐怖主义、反恐怖主义理念进行有效对接，并且愿意借助人工智能的高新技术，是都市“智慧反恐”体系规范构建过程的重中之重。在人工智能时代，先进理念必能提高治理成效，都市“智慧反恐”体系的理念创新必然需要汲取不同都市的共同智慧。都市在践行“智慧反恐”体系政策的过程中，需要创新主张，阐明都市作为“智慧反恐”体系的利益攸关方，高度关注都市“智慧反恐”体系规范构建的民主化与公正化，在都市“智慧反恐”体系构建中塑造协同式建构的规范话语体系。

在人工智能的视域下，都市“智慧反恐”体系协同式规范构建的理念对接路径应包含以下三个方面：第一，都市对“智慧反恐”体系有担当且敢担当，塑造都市负责任的城市形象与印象。第二，倡导都市“共存共建”，塑造都市作为都市“智慧反恐”

体系的和平建设者形象。以“联合共存”（United Survival）谋求和平与繁荣是协同式构建都市“智慧反恐”体系的时代主题。第三，倡导“共赢共享”，打造都市作为“智慧反恐”体系的贡献者形象。都市协同式构建“智慧反恐”体系的前提是不挑战现有治理秩序，以既有法律规范为行动基础的合理合法行动。

## 二、人工智能时代都市协同式构建“智慧反恐”体系的议题设置

促进“都市一体化”已经成为区域规范制定的核心目标。随着区域合作事务的日益繁杂，区域规范的议题范围也不断扩展。将新兴的都市“智慧反恐”体系列入“都市一体化”的议题设置过程，不仅能够打击恐怖主义组织与恐怖主义分子，而且有助于增强都市的安全稳定。在都市“智慧反恐”体系构建的议题设置过程中，应着重思考三方面的问题：都市在“智慧反恐”体系构建中所确定的优先议题是什么？都市在哪些议题领域具有倡议优势？都市对区域安全稳定的影响力度如何？即都市在“智慧反恐”体系议题设置的范围选择问题、能力匹配问题和规范转化问题。笔者在下文以北京市为例，解读北京市的“智慧反恐”体系构建。由于北京既有大国首都身份同时又是京津冀成员，因此需要分别从两个层面进行有针对性的议题设置。

## （一）北京作为大国首都身份的“智慧反恐”体系议题设置路径

北京是中国的首都，在人工智能时代，亦是能够有效获取人工智能防恐反恐规范性话语权的核心代表之一。北京构建“智慧反恐”体系的相关议题设置，不仅要考虑大国首都的核心业务领域，还要从首都实践需要出发，具体可从以下三个方面着手。

第一，作为一国之都，北京构建“智慧反恐”体系，以首都安全作为议题设置的核心领域，有针对性地围绕首都操作安全，首都防恐怖主义、反恐怖主义培训，首都重要场所安全保护等进行议题设计。一是首都人员安全保障，包括首都现行法律规范及其附件的适用性问题、反恐怖主义的首都安全预警系统构造、恐怖主义危机爆发时首都的避难地划设、恐怖主义危机爆发时的首都人员疏散等。二是首都培训管理，包括首都提供的防恐怖主义与反恐怖主义培训科目、防恐怖主义与反恐怖主义的措施普及等。三是首都重要场所安全保护，包括名胜古迹、交通重要枢纽、人员密集场所等。

第二，作为大国首都，北京构建“智慧反恐”体系，应加强防恐怖主义、反恐怖主义法规的修订能力建设，做好充分的提案准备。一是首都培养参与构建“智慧反恐”体系事务的专业人才，制定发展“智慧反恐”体系的高端人才战略，扩大首都构建“智慧反恐”体系中所需要的人力资源储备。首都为“智慧反恐”体系储备的人才应担任过相关职位，拥有丰富的防恐怖主义、反恐怖主义经验，并且参与过防恐怖主义、反恐怖主义重大活动，具有良好声誉。二是发挥首都的身份优势，密切跟踪“智慧反恐”

类法律规范国际推广进程，评估已有法律法规的履行成效，细致研究防恐怖主义、反恐怖主义规则中存在的可修订领域，做好相应的知识储备。三是作为大国首都，北京加强对防恐怖主义、反恐怖主义的前瞻性议题研究，重点关注都市“智慧反恐”体系的标准塑造、功能应用、协调统筹等，为增补现有法律法规相关细则做好提案论证工作。

第三，北京构建“智慧反恐”体系，需要建立防恐怖主义、反恐怖主义各级机构负责人常联常通的机制。作为大国首都，北京对其他城市起表率作用。随着恐怖主义对世界大国首都的威胁不断加强，首都对防恐怖主义、反恐怖主义的认识能力不断提升，逐渐开始引导首都“智慧反恐”体系议题的走向，加大对防恐怖主义、反恐怖主义合作事务的参与频率，与其他城市联合开展反恐军事演习、共同研制反恐机器人、反恐直通车等，对“智慧反恐”体系技术合作项目提供资金支持，撰写高质量的报告型提案，增加首都政企安全合作的广度与深度。

### （二）北京作为京津冀成员的“智慧反恐”体系议题设置路径

在人工智能时代构建都市“智慧反恐”体系的过程中，北京作为京津冀一员的身份，决定了协同式构建原则成为北京必然的选择。北京作为京津冀的一员，构建都市“智慧反恐”体系的议题设置进程理应遵循“京津冀一体化”的原则方针。第一，北京作为京津冀的一员，选择协同式构建“智慧反恐”体系，以京津冀安全保护与可持续发展作为核心议题设置领域，围绕恐怖主义威胁京津冀、京津冀反恐怖主义设备、京津冀应对恐怖主义几个方面来展开。(1)恐怖主义威胁京津冀。包括恐怖主义组织与恐怖主义分子对京津冀普通人安全的影响、恐怖主义组织与恐怖主义分子对京津冀政府的影响、恐怖主义组织与恐怖主义分子对京津冀企业安全的影响。(2)京津冀的反恐怖主义设施。包括京津冀资源保护设备、京津冀反恐怖主义勘探操控设备、京津冀对突发性事件的应急设备、反恐怖主义的京津冀基础设施建设。(3)京津冀政府与反恐机构应对恐怖主义部署,包括京津冀应对恐怖主义的有效规范、策略措施、深层合作等。

第二,在人工智能时代,北京作为京津冀的一员,选择协同式构建都市“智慧反恐”体系,遵循的是“京津冀一体化”战略,积极提升防恐怖主义、反恐怖主义的议题设置能力。一是北京提升议题分析能力。北京积极组织并参与京津冀防恐怖主义、反恐怖主义工作组的相关会议,收集和整理会议资料与相关文件,研判京津冀防恐怖主义、反恐怖主义机构在议题设置领域的倾向性,提出符合京津冀共同安全利益诉求的“智慧反恐”体系议题。二是北京提升议题设置的项目转化能力。北京分门别类对待工作组设立的“智慧反恐”体系的科研项目,主动且重点支持有代表性的项目,定期提供“智慧反恐”体系的活动报告。三是北京提升项目执行能力。发挥北京的资金优势与成果转化平台优势,围绕“智慧反恐”体系的相关项目,为京津冀防恐怖主义、反恐怖主义提供可靠、准确的科学建议。四是北京提升议题倡导能力。北京警务联合天津、河北的警务机构,共同发出京津冀“智慧反恐”体系的集体声音。

第三,北京作为京津冀的一员,协同式构建都市“智慧反恐”

体系，在“京津冀一体化”战略的指导下，推动都市“智慧反恐”体系在京津冀地区的长远发展。北京警务应努力寻找京津冀的防恐怖主义、反恐怖主义机构之间的共性，设计有利于京津冀共同安全利益的议题提案，尤其应强调“京津冀一体化”战略框架内协同式构建“智慧反恐”体系的合法性、合理性、权威性、适用性。

## 三、人工智能时代都市协同式构建“智慧反恐”体系的标准推广

在“智慧反恐”体系的标准推广上，基于人工智能的具体应用，协同式构建都市“智慧反恐”体系包括智能数据采集协同、智能识别监督协同、智能应急指挥协同、智能模拟应用协同、智能信息整合 5 个层面。

智能数据采集包括智能采集恐怖分子的文本数据、机器视觉反恐采集（主要用于采集图像、视频资料等）；智能识别监督包括构建政府的智能防火墙、微表情检测、人脸与视网膜认证、指纹与掌纹识别、智能监督与举报机制等；智能应急指挥包括建立计算机反恐辅助决策、反恐平台受到黑客攻击时的智能应急方案选择、恐怖分子网络交易的智能追踪等；智能模拟应用包括研发反恐机器人战士，加强无人机、巡逻车、巡逻船等在反恐领域的应用；智能信息整合是跨越北京市各部门、各区域之间的信息鸿沟，促进在反恐安全领域的信息共享，实现危机事件中的快速反应与灵活应对。

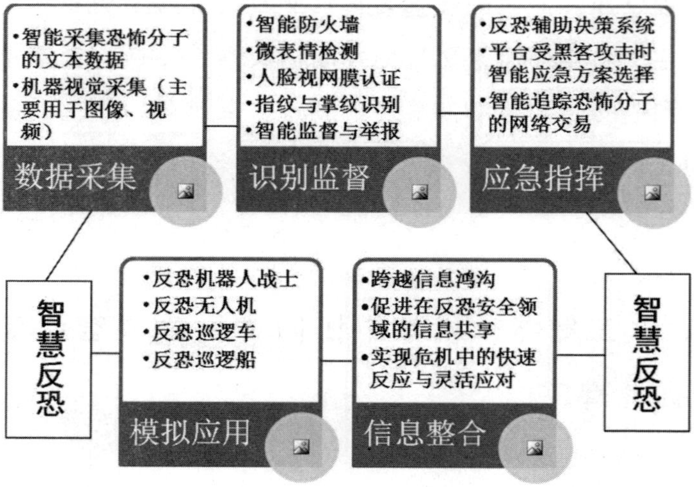


**图 6—1　人工智能时代“智慧反恐”的应用体系**

笔者自制。

就当前北京“智慧反恐”体系的建构而言，目前比较成熟的人工智能反恐应用有 AT1500 – HN 手持式液体检查仪、带物联网的气体检测仪、公交车智能预警系统、锂电池一体化灭火及火灾预警装置、手持式拉曼光谱仪等。

## （一）AT1500 – HN 手持式液体检查仪

AT1500 – HN 手持式液体检查仪，依赖于其特别设计的算法，是一款专门用于辨明封闭容器内液体是否具有安全性的高灵敏度、便携式、智能化的安检设备。在无需开启封闭容器的情况下，安检人员能够借助该仪器迅速判明受检液体是否属于易爆易燃危险品范畴，从而判断该液体是否会对公共安全造成危害。如果检查的物品属于易燃易爆危险品时，会发出必要的声光报警，这是一种简单有效的智能工具，能第一时间检测出可疑人员是否在公共交通工具上违规携带易燃易爆的危险品。

如下表 6—1 所示，AT1500 - HN 技术优势明显，适用于人口聚集的大型活动、政府机关大楼、交通枢纽、出入境管理处、海关等。特别是北京地铁、公交车等人流量大的环境下，完美补充现有的机检过程，具有良好的灵活性、机动性、适用性。

**表 6—1　AT1500 - HN 的技术优势**

| | |
|---|---|
| 非金属类安检时间小于等于 3 秒钟 | 安检速度快 |
| 具备酸性液体检测功能，填补目前液体安检设备盲区和空白 | 酸性液体检测 |
| 填补目前陶瓷类罐体安检设备盲区和空白 | 陶瓷类罐体检测 |
| 可以依据公安主管部门要求，将 50 度以上白酒列入安检范围并设置报警功能 | 酒类检测 |

笔者自制。

### （二）带物联网的气体检测仪

带物联网的气体检测仪可以通过连接品牌商的服务器来实现手机和电脑远程监控，具备报警值设置和报警提醒功能，内置 WiFi 模式，摆脱有线连接的束缚，实现信号的自由传输。带物联网的气体检测仪设备具备各种提醒功能，例如超浓度报警功能、仪表设定提醒功能、故障报警功能、超温度报警功能、传感器到期提醒功能，能够在严酷的现场环境和电气干扰下正常发挥功用，还具备超温度、超湿度、超量程记录的黑匣子功能，可以用于日常气体检测。

**表 6—2　气体检测仪能够测试到的可燃气体列表①**

| 气体名称 | 分子式 | 爆炸极限%vol | | 气体名称 | 分子式 | 爆炸极限%vol | |
|---|---|---|---|---|---|---|---|
| | | 下限 | 上限 | | | 下限 | 上限 |
| 甲烷 | CH4 | 5.0 | 15.0 | 异丙苯 | C9H12 | 0.8 | 6.0 |
| 乙烷 | C2H6 | 3.0 | 15.5 | 正丁苯 | C10H14 | 0.8 | 5.8 |
| 丙烷 | C3H8 | 2.2 | 9.5 | 异丁苯 | C10H14 | 0.8 | 3.0 |
| 正丁烷 | C4H10 | 1.9 | 8.5 | 呋喃 | C4H4O | 2.3 | 14.3 |
| 异丁烷 | C4H10 | 1.8 | 8.4 | 四氢呋喃 | C4H8O | 2.0 | 12.4 |
| 正戊烷 | C5H12 | 1.1 | 8.0 | 尼古丁 | C10H14N2 | 0.7 | 4.0 |
| 异戊烷 | C5H12 | 1.4 | 7.6 | 氢气 | H2 | 4.0 | 75.0 |
| 正己烷 | C6H14 | 1.2 | 7.4 | 甲胺 | CH3NH2 | 4.9 | 20.7 |
| 正庚烷 | C7H16 | 1.1 | 6.7 | 二乙胺 | C4H10NH | 1.7 | 10.1 |
| 正辛烷 | C8H18 | 1.0 | 4.6 | 二甲胺 | C2H6NH | 2.8 | 14.4 |
| 环丙烷 | C3H6 | 2.4 | 10.4 | 戊稀 | C5H10 | 1.5 | 8.7 |
| 一氯甲烷 | CH3Cl | 8.1 | 17.4 | 甲醇 | CH3OH | 6.7 | 36 |
| 二氯甲烷 | CH2Cl2 | 15.5 | 66.4 | 苯 | C6H6 | 1.2 | 8.0 |
| 苯乙烯 | C8H8 | 1.1 | 8.0 | 甲苯 | C7H8 | 1.2 | 7.0 |
| 氯乙烯 | C2H3Cl | 3.6 | 33 | 二甲苯 | C8H10 | 1.0 | 7.6 |
| 溴甲烷 | CH3Br | 10.0 | 16.0 | 乙苯 | C8H10 | 1.0 | 6.7 |
| 溴已烷 | C2H5Br | 6.7 | 11.3 | 丙苯 | C9H12 | 0.8 | 6.0 |
| 氯乙烷 | C2H5Cl | 3.8 | 15.4 | 环氧丙烷 | C3H6O | 2.8 | 37 |
| 环氧乙烷 | C2H4O | 3.6 | 100.0 | 丙稀 | C3H6 | 2.4 | 10.3 |
| 丁稀 | C4H8 | 1.6 | 9.3 | 异丁稀 | C4H8 | 1.8 | 8.8 |

如上表 6—2 所示，气体检测仪设备能检测到大量可燃气体，例如甲烷、乙烷、丙烷、正丁烷、异丁烷、正戊烷、异戊烷、正已烷、正辛烷、环丙烷、一氧甲烷、二氧甲烷等，检测效果好，速度快、时间短。此外，在北京“智慧反恐”安保体系的具体执行过程中，北京

① 安帕尔：《带物联网的气体检测仪》，http：//www. empaer. com/zhuanti/index_tlz. html，访问日期：2021 年 7 月 12 日。

的武警、公安可以使用轻便的手持式气体传感器进行检测。

### （三）公交车智能预警系统

公交车智能预警系统又被称为公交车易燃挥发物监测系统，在恐怖主义危机时刻能实现医疗救护与消防、公安的联动。它能对接应急信息平台并且提供接口数据，自动提示易燃物的存在及所在位置并且向驾驶员采用声光分级预警方式，能实现非接触式、高灵敏度、准确、快速的在线监测，全面管控易燃物挥发气体，例如酒精、香蕉水、松香水、汽油等，适用于北京的校车、客车、公交车等市内公共交通工具，是针对公交车纵火预警的国内首创产品。

### （四）锂电池一体化灭火及火灾预警装置

锂电池灭火及火灾预警一体化装置分为灭火模块和检测模块。该装置灭火模块的药剂清理方便，喷射后不会留下有害的残留物。该装置运行费用低，基本上无需维护，外形设计结实耐用，产品安装极为简单，使用条件灵活，灭火模块使用的药剂量与传统的灭火装置相比大大降低。该装置灭火模块在火灾面前能自动释放出惰性气体以及纳微米级的粒子，能耐受腐蚀及极端温度等外部环境严酷的情况，配备密封不锈钢筒式坚固耐用的外壳，在烟雾被感知到的情况下触发。该装置的检测模块是定期收到检测信息的，检测是否存在烟雾与有害气体以及检测锂电池电解液泄露，它安装在电池箱内，功能有换气自主性，外壳为铝合金结构。即使在停电状况下，感温方式也能启动该装置的灭火模块，这就保证了北京公安面对火灾时，能及时检测与灭火。

## （五）手持式拉曼光谱仪

拉曼光谱仪能够满足现场执法及检测公共安全场所的各种需求。手持式拉曼光谱仪可长时间野外连续工作，自带仪器电源，具有灵敏度高、响应时间快、成本低、体积小等特点，实现了多项关键技术的突破，例如小型一体化集成拉曼光谱设备的现场检测应用，建立了违禁品数据库，适用于检测毒品等危险品和爆炸物、化学危险品等，并结合人工智能在国内的使用条件及环境，应用了多项高新技术，是快速鉴别、准确鉴定、迅速分析现场的有效方式，能快速识别粉末、固体及液体中是否含有毒品及易制毒化学品、爆炸物、各种化学危险品，且具备高效、准确、快速等特点。

# 第七章　非传统安全视域下中国都市“智慧反恐”的“两微一端一抖”①

如前文所述，欧洲各国首都，如巴黎、柏林、伦敦都接连发生了恐怖主义袭击事件。在严峻的跨国恐怖主义形势下，上述各大国在社交网站和数字中介投入了巨大的技术资源来减少或阻止普通网民接触恐怖主义组织的煽动信息。然而，有证据表明，互联网意识形态极端化趋向并非是导致公众激进化的独有驱动力。恐怖主义组织所宣扬的心理创伤、脆弱焦虑、群体性暴力、随波逐流等倾向同样具有影响力。迄今为止，欧洲各国各大城市尽管投入了巨大的精力，反恐怖主义组织仍在努力寻找解决恐怖主义问题的切实可行办法。事实上，在互联网领域，大多数法律法规缺乏足够的有效性，因此，恐怖主义组织通过互联网仍然在发挥影响，甚至渗入到各国首都内部不断地壮大影响力。

在互联网管控领域，西方某些国家仅仅专注于防止宗教的激进化，缺乏与暴力的实质性或决定性联系。如这些国家首都的反恐怖主义机构过度关注伊斯兰教的影响，进而对与伊斯兰教相关

---

① 本章部分内容笔者已发表于《电子政务》，2016 年第 11 期，第 71—77 页；《电子政务》，2015 年第 1 期，第 43—51 页。

的材料进行过度审查，不仅方法错误，而且效果适得其反。这强化了美国及其西方盟友对伊斯兰教的攻击，并牵扯进了更多无辜的教众，最终导致越反越恐。中国在应对恐怖主义组织的互联网攻击和动员时，应当引以为戒。

当前都市“智慧反恐”体系迫切需要加大在新媒体上的宣传力度，从理念、操作、态度三个层面的宣传出发，提出构建都市“智慧反恐”体系的指导性思路：将“命运共同体”理念落实到都市“智慧反恐”体系的构建实践之中、立足于都市反恐怖主义的互联网规范构建、采取增量改进的渐进方式维护都市区域安全。通过新媒体推广都市“智慧反恐”体系，既是表达都市自身的安全诉求，也是为提供都市区域善治公共产品进行能力准备。

## 第一节　非传统安全视域下都市“智慧反恐”体系的警媒合作

国务院办公厅下发《关于进一步加强政府信息公开回应社会关切提升政府公信力的意见》。《意见》着重强调“政务微博”的重要地位和关键作用，将“政务微博”作为与“政府新闻发言人制度”“政府网站”并列的第三种政务公开途径。“政务微博”是指中国政府部门推出的官方微博账户，力行“织博为民”，在社会管理创新、政府信息公开、新闻舆论引导、倾听民众呼声、树立政府形象、鼓励群众政治参与等方面起到了积极作用。① 在其推广过程中，交通、气象、纪检、司法、文化等多领域与时俱进，涌现出一大批“政务微博”的标杆。

“微博”是140字以内的微型博客，是集论坛、社交网站与博客功能于一体的新型社交网络平台。微博已经成为网民获取信息的重要途径。借助微博的移动报道功能与舆论影响方式，“北京微博发布厅”的推广前景令人期待。作为一种新型微博平台，“北京微博发布厅”与一般的政府官方微博不同，它是政府不同部门微博的集合体，它由北京市政府新闻办管理主导，同时联合北京市发改委、北京市公安局、北京市环保局等上百个北京市政府微博账号共同发布新闻内容和发起活动。② 这体现了北京市政务微博的独特性与创新性。

如前所述，世界上最早的微博是美国的“推特”（Twitter），从目前“推特”的研究成果来看，主要集中在定义、工具应用、沟通原则、效用四个方面。美国学者高恩卡（Gaonkar）与乔德瑞（Choudhury）从技术应用的角度将“推特”定义为一种集合了手机传感器、无线网络、信息处理和空间可视这四种要素的多媒体博客。③ 哈尼克特（Honeycutt）与赫林（Herring）发现“推特”

---

① 国务院办公厅：《国务院办公厅关于进一步加强政府信息公开回应社会关切提升政府公信力的意见》，2013 年 10 月 1 日，第 1 页。

② 北京微博发布厅：《政务微博群》，http：//city. weibo. com/g/beijing，访问日期：2021 年 7 月 12 日。

③ Gaonkar S，“Micro – Blog：Map – casting from Mobile Phones to Virtual Sensor Maps”，July. 17，2012.

中使用最多的是@符号，使用率高达90%。[①] 莱巴科（Rybalko）与塞尔策（Seltzer）认为交流要遵循“有用信息”“与访问者对话”和“促使访问者再访问”原则。[②] 此外，学者们也注意到了“推特”具有广阔的商业应用前景，其数据可以应用于品牌评价与客户关系管理。费歇尔（Fischer）与鲁宾（Reube）提出了用“推特”概念模型来研究企业家互动的效果。[③]

与美国对于“推特”的研究相较，中国“微博”方面的研究还是一个新兴课题。美国“推特”与中国“微博”在运作平台、技术支持、评论与转发模式、审查机制上具有明显差异，因此，我们不能简单地将上述西方学者关于“推特”的理论套用于中国的微博推广。微博是一种足以引领传播革命的新媒体，发布门槛低，与传统博客相比，大众、“草根”也能成为信息的发布者。在微博上，140字的限制将网民拉到了同一水平线上，造就了大量“微博原创红人”，任何人都可以成为“博主”，任何人也都是“跟随者”。由于微博可以使用手机轻松发布信息，便捷程度相当于发一条短信。用户完全不必守候在电脑桌前，就能够即时阅读、评论、转发所有信息，实现自身与世界的无障碍联通，因此，微

---

① Honeycutt C, *Beyond Microblogging Conversationand Collaboration Via Twitter. Proceedings of the 42nd HawaiiInternational Conference on System Sciences*, Hawaii, 2009, pp. 3 – 4.

② Rybalko S, “Dialogic Communication in 140 Characters or less: How Fortune 500 Companies Engage Stakeholders Using Twitter”, *Public Relations Review*, Vol. 36, No. 4, 2020, pp. 336 – 337.

③ Fischer E, “Social Interaction via New Social Media: How can Interactions on Twitter Affect Effectual Thinkingand Behavior”, *Journal of Business Venturing*, Vol. 26, No. 1, 2011, pp. 1 – 2.

博具有了传统媒体难以企及的普及性、快捷性、传递性等特点。

在城市化快节奏的生活中，微博无疑比传统博客更省时省力，其实效性与现场感给新闻媒体提供了新的消息渠道。“两会微博”更是新闻报道的一大进步，“两会”前夕，《人民日报》、新华社、央视等国家级新闻机构以及各级地方媒体纷纷推出“微博专题”，多家报纸更是开设“微博版面”，刊登源于微博的观点、评论、跟帖。随着网络在中国的普及，对于微博的学术研究更是摆在我们面前的重要课题。

微博满足了人们在碎片化时代上网沟通的需求，吸引了大批青年用户，成为大众化的舆论平台，越来越多的机构及公众人物通过微博来发布或传播信息。微博的沟通特征与信息传播模式决定了推广效果很大程度上取决于他人对博文的认可度，宣传的影响力有很大弹性，因为用户只能控制自己的发帖内容，而无法强制他人跟贴转发，发布信息的最终效果不仅取决于信息本身，更取决于“跟随者”的反应。用户可以任意跟随、转发与评论自己感兴趣对象发布的内容，也可以随时终止这种联系。①

微博迅速扩张了信息推广范围，呈现出双向与多向互动的特征，推广者与接受者的界限变得模糊，接受者能成为下一个推广者，这样的结构模式极大地调动了参与者的积极性。传统信息推广的模式多是采取链状的结构，链状结构是指“发布信息—跟随信息—转载信息”，是单向推广的运作模式；然而，微博平台信息

① Fischer E, Reuber A R, “Social Interaction via New Social Media: How can Interactions on Twitter Affect Effectual Thinking and Behavior”, *Journal of Business Venturing*, Vol. 26, No. 1, 2011, pp. 1 – 2.

发布的运作模式是环状的，即“主帖”通过“跟帖”和“转帖”向相关的话题不断扩展，将热点话题深化，强调微博的“博主”“跟随者”“转发者”之间的交流与互动。

微博的推广模式打破了之前信息的单向流动，实现了信息相互交织与更新，其优点在于加速了信息的传播速度，其挑战在于带来了不确定性与风险性。正如前文所述，微博宣传的影响力弹性很大，在微博时代，虽然人人都可以“发声”，都能成为“博主”，但怎样的微博才能在信息流中脱颖而出，吸引他者的认同与转发？这就需要我们分析微博推广的影响要素。

不仅仅只有微博，随着微信的迅猛发展，各地政府纷纷建立政务微信平台并悉心经营。政务微信建设仍处于探索阶段，存在着多部门微信平台同质化、微信管理方与受众之间缺乏足够的互动，政务微信对提升政府社会美誉度的能力有限，政务微信对社会舆论引导能力不足等问题。微信作为中国最具特色的社会化媒体平台继续向纵深发展。政务微信作为服务社会的平台，越来越受到政府与公众的重视。网民需求和政府引导成为推动政务微信建设与发展的两股力量。政务微信作为政府信息公开与服务群众的重要途径，在对社会普遍关注的社会热点问题中，起到了深刻剖析和有效引导的作用。

中国政务微信方面的研究还是一个新兴课题。政务微信门户简称“政务微门户”，是通过统一通信平台的移动应用入口，但目前政务微信的账号主体颇多，有重复设置的嫌疑。此外，我们需要结合微信传播指数 WCI（WeChat Communication Index）来作为衡量政务微信传播力度的重要指标。

政务微信公众平台中最核心的功能就是消息推送，主要分为根据用户需求回复基本服务信息的自动回复和主动向用户推送信息（每日最多一条）的推送信息两种消息推送方式。而主动推送信息主要有文字消息、语音消息和视频消息三种类别的内容。简单介绍如下：（1）文字消息。文字消息是消息推送中最基本、最简单的推送方式。表达内容清晰明了，采用文字与表情相结合的方式使想表达的内容轻松活跃，既能将想表达的想法表达出来，又不会表现得过于沉闷。适用于方便表达的简短事件。（2）语音消息。语音消息是对环境和制作要求较高的推送方式。语音推送会提升用户的了解兴趣，但需要有安静的环境和录制设备，条件允许下添加背景音乐会有更好的效果，不过后期制作会稍微复杂些。适用于推送较为温馨轻松的内容。（3）视频消息。视频消息对人力技术要求比较高，而且用户查看受限制。视频录制需要消耗人力物力，而且在线观看过于消耗数据流量，建议在无线条件下观看。适用于需要视频表达的较为重要的事件，对文字数量的要求没有过于严谨的限制，图文并茂的形式可以更形象地表达推送的内容。

通过上文对政务微博、政务微信的基本分析可知，新媒体可以作为都市“智慧反恐”体系的新宣传模式。都市警务新媒体也是政务媒体的分支，是指各级警察、公安机构在微博、微信、抖音等新媒体平台上开设的政务账号或应用，以及自行开发建设的警务移动客户端等。在中国国内，都市警务新媒体正是在中国进入新媒体时代以及“新媒体问政”成为趋势的背景下产生的。

截至2020年上半年的数据，新浪微博月活跃用户达5.5亿，

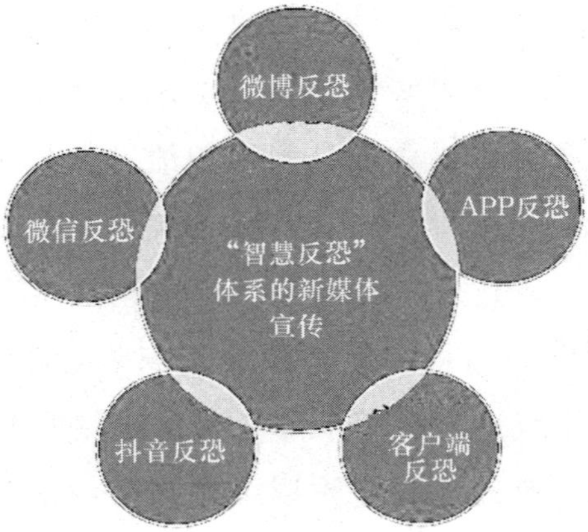


**图 7—1　都市“智慧反恐”体系的新媒体宣传**

笔者自制。

腾讯微信及 WeChat 的合并月活跃账户数达 12.025 亿。① 以人工智能时代新媒体的产生发展为契机，如图 7—1 所示，警务机构要积极与微博、微信、客户端、抖音等新媒体开展合作，建设都市“智慧反恐”的微博、推广都市“智慧反恐”的微信、宣传都市“智慧反恐”的客户端、传播都市“智慧反恐”的抖音、制作都市“智慧反恐”的 APP 小程序等，建构都市“智慧反恐”体系的推广宣传一体化平台。

在人工智能视域下，笔者通过大数据挖掘与文本分析，调研国内都市警务的微博账号、都市警务的微信用户、都市警务的抖

① 腾讯：《微信和 WeChat 合并月活达 12.025 亿，小程序日活超 4 亿》，https：//tech. sina. com. cn/roll/2020 - 05 - 14/doc - iirczymk1583071. shtml，访问日期：2021 年 7 月 12 日。

音应用、都市警务的客户端等，分析都市警务新媒体防恐怖主义、反恐怖主义的内容和传播特征。笔者通过对都市警务微博、都市警务微信、都市警务抖音、都市警务客户端的比较研究发现，都市警务微博覆盖范围最广泛，发布的信息面对全体网民，是警察、公安警务机构宣传自身优质形象的重要途径；都市警务微信具有更高的精准性，只有关注都市警务微信公众号的用户才能及时接收到公众号信息的推送，是搭建都市警务为民服务的微信公众平台的工具；都市警务抖音发布带话题与文字摘要的小视频，深受青年群体的喜爱；都市警务客户端集新闻、资讯、直播、问政等内容和功能于一体，支持图文、音频、视频、直播等全媒体形式，并具有评论、顶踩、网友爆料等新闻互动模式。

以京津冀为例，截至 2021 年 7 月 12 日，北京市公安局的官方微博“平安北京”拥有粉丝 12714375 位，发布微博 66906 篇。北京市公安局的官方微博使用的是一位警察的卡通图像，宣传标语是“做群众的网上贴心人”，简介是“让网友可以了解北京警方的新闻资讯，欢迎网友提出意见和建议”。天津市公安局的官方微博“平安天津”拥有粉丝 3248742 位，发布微博 47742 篇。天津市公安局的官方微博使用的也是一位警察的卡通图像，背景是天津火车站飞起的白色和平鸽，简介是“共建平安文明津城”。河北省公安厅的官方微博“河北公安网络发言人”拥有粉丝 2817838 位，发布微博 25035 篇。河北省公安厅的官方微博同样使用的是一位警察的卡通图像，背景是悠久而又巍峨的长城和飞起的白色和平鸽，简介是“这里是河北省公安厅官方微博，感谢您的关注”①。

北京市公安局的官方微信“平安北京”主打便民服务功能，为网友努力打造“网上北京市公安局”。“网上北京市公安局”提供的服务分类有：“户政业务”“治安业务”“网安业务”“禁毒业务”“交管业务”“出入境业务”“监管业务”“公交业务”。“网上北京市公安局”提供的热门服务包括：“检查站通行”“北京籍出入境管理”“非京籍出入境管理”“无犯罪证明记录”“开具证明信”“律师会见”“外国人签证办理”“市外迁入”“开锁技工”“案件公开”“办公电话”“市内迁移”“同名查询”“出生登记”“查亲访友”“办理身份证”模块。为了便于和网友之间的沟通互动，“网上北京市公安局”设置了“局长信箱”和“代表委员会直通车”两种方式。此外，北京市公安局的官方微信还打造了“平安北京”的暖心主题曲并且提醒网友根据天气变化及时加减衣物。天津市公安局的官方微信“平安天津”简介是“希望成为网友的平安顾问和生活中不可缺少的伙伴，同时希望把值得传播的正能量从指尖传递给网友”。天津市公安局的官方微信“平安天津”分为“我要查询”“我要办理”“热点活动”三个部分。“我要查询”部分有“机动车违法查询”“驾驶人违法查询”“身份证办理进度查询”“出入境证件办理进度查询”“案件查询”“警务地图”“身份证挂失招领”“清拖车辆查询”模块。“我要办理”有“机动车违法缴罚”“局长信箱”“举报线索”“我要咨询”“注册账号”“实名认证”“办事指南”“妙语110”模块。

① 河北省公安厅官方微博：https：//weibo. com/gongan？refer_flag = 1005050003_&is_all = 1，访问日期：2021 年 7 月 12 日。

“热点活动”有“扫黑除恶”“票选活动”“接力游戏”“有奖参与”模块。

北京市公安局的官方抖音号是“平安北京”（pinganbeijing），简介是“平安北京我你他她它”，突出了大家共同构建北京大家庭的期望。截至2020年9月7日，北京市公安局的官方抖音号获赞273万个、拥有23.4万位粉丝。北京市公安局官方抖音的23.4万位粉丝相较于官方微博的1271.4375万位粉丝而言，其抖音号粉丝数仅为微博粉丝数的1.84%，显然，北京市公安局抖音号的推广力度和传播力度有待进一步加强。北京市公安局的官方抖音号发布了244份作品，相较于北京市公安局官方微博发布的66906篇帖子而言，抖音作品数仅为微博作品数的0.36%。北京市公安局的官方抖音号发布的这244份作品中还有不少是转发的内容。鉴此，北京市公安局应该进一步加大在抖音上的宣传力度，以抖音网友喜闻乐见的方式，发布更多更好的原创小视频作品。

由上可知，都市警务微博、都市警务微信、都市警务抖音、都市警务客户端发布内容相辅相成，都市微博、微信、抖音、客户端的摘要生成兼具警务为民的公共服务属性和社交媒体的宣传属性，都市警务机构防恐怖主义、反恐怖主义的传播议题应主打提高民众的安全意识，互动频率与用户行为息息相关。警察、公安警务机构在都市警务“智慧反恐”的新媒体建设过程中，应注重加强宣传防恐怖主义、反恐怖主义的微博、微信、客户端、抖音（以下简称为“两微一端一抖”）上的联动机制构建。在都市“智慧反恐”体系的新媒体宣传视域下，北京市公安局的官方微博（平安北京）、天津市公安局的官方微博（平安天津）、河北省公安厅的官方微博（河北公安网络发言人）应建立互相沟通、互相联系、互学互鉴的联动机制。例如，“平安北京”“平安天津”“河北公安网络发言人”共同建构关于都市“智慧反恐”体系的“公安微博联盟”。

机制建构的研究始于奥兰·扬（Oran Young），随着机制建构研究的不断深入，衡量机制有效性的研究手段也日趋多样。近年来，“奥斯陆—波茨坦方案”（Oslo – Potsdam Solution，OPS）在评估机制建构有效性方面的成果日益受到学术界的关注，主要代表人物包括阿里德·翁德达尔（Arild Underdal）、德特勒夫·斯普林茨（Detlef Sprinz）、克里斯汀·赫尔曼（Carsten Helm）等人。[①]“奥斯陆—波茨坦方案”一改以往机制研究的简单评价手段，使用指标工具来衡量机制建构的实际影响力、问题解决程度、目标实现程度等，区分了“缺乏机制下的对应事实”（NR = No – Regime Counterfactual）、“实际绩效表现”（AP = Actual Performance）、“集体理想状态”（CO = Collective Optimum）三个阶段，[②]建立了评估机制建构的数据库，一定程度上弥补了原有机制研究的不足。

从机制建构的有效性视角探讨都市“智慧反恐”体系构建的“两微一端一抖”联动机制，该机制有效性的实际状态介于“缺乏机制下的对应事实”与“集体理想状态”之间。从上文中都市

① Carsten Helm and Detlef F. Sprinz, “Measuring the Effectiveness of International Environmental Regimes”, *Journal of Conflict Resolution*, Vol. 44, No. 5, 2000, p. 637.

② Oran R. Young, Leslie A. King, Heike Schroeder (eds.), *Institutions and Environmental Change: Principal Findings, Applications, and Research Frontier*, Cambridge, Mass: MIT Press, 2008. p. 88.

警务机构开设的微博、微信、抖音数据分析可知，“两微一端一抖”可以从以下三个层面推动“智慧反恐”体系的宣传进程：一是能为公众提供最新的警务新闻资讯；二是能为政府部门与公众之间提供有效交流的平台，能切实为民服务；三是能培养警务机构与公众之间的“我们感”。

通过建构“两微一端一抖”的联动机制，全方位、多领域、多层次地宣传推广都市“智慧反恐”体系，形成一种互相交流、互相沟通、友好协商的氛围，培养相互依存且共抗恐怖主义组织威胁的共同意识，推动“命运共同体”进程。① 在上述“两微一端一抖”联动机制建构过程中，鼓励以共同利益、普遍互惠性、共同治理、可持续发展观为基本特征的互动氛围，培养共有观念结构与“我们感”，有益于都市“智慧反恐”体系的宣传推广。

## 第二节　非传统安全视域下都市“智慧反恐”体系的议程设置

在“两微一端一抖”上，议程设置能从三个方面具体推进都市“智慧反恐”体系构建。第一，在“两微一端一抖”上，议程设置有益于都市“智慧反恐”体系对外信息传播与外宣形象建构。议程设置最早见于沃尔特·李普曼（Walter Lippmann）的研究，

① 柳思思：《差序格局理论视阈下的“一带一路”——从欧美思维到中国智慧》，《南亚研究》，2018 年第 1 期，第 1 页。

他早在《舆论学》中就曾感叹议程设置对于信息传播的重要性与必要性。我们对世界的了解何其间接，我们总是把新闻报道所描述的情景当成事实本身，它们告诉我们什么是事实，我们就相信了什么是事实。麦克斯威尔·麦库姆斯（Maxwell McCombs）和唐纳德·肖（Donald Shaw）以总统选举为案例，实证分析了议程设置过程对最终投票结果的巨大影响力，即议程设置里关于哪位总统候选人的讨论越多，使用的赞美性语言描述越多，采取的亲民性议程框架越多，最终越能引导人们投票支持该位总统候选人。①

在都市“智慧反恐”体系的“两微一端一抖”上，议程设置不仅有助于提升行为体的外宣形象及软实力，还能加强行为体之间的互相依赖。换言之，都市“智慧反恐”体系在“两微一端一抖”上的议程设置不仅有助于提升都市的外宣形象及软实力，还能加强都市之间的互相依赖。约瑟夫·奈认为设置议程能够塑造新的世界结构，能够让他者做你希望他做的事，即拥有“软实力”。如约瑟夫·奈（Joseph Nye）所言，“这种能力不是源自军事实力或武力威胁，而是依赖议程选择与议程框定”。② 史蒂芬·利文斯顿（Steven Livingston）更是直接地指出，“议程设置是行为体掌控与巩固权力的首要工具”。③ 罗伯特·基欧汉（Robert Keohane）与约瑟夫·奈在《权力与相互依赖》一书中提出了“议程

① Maxwell McCombs, Donald Shaw, “The Agenda – Setting Function of Mass Media”, *The Public Opinion Quarterly*, Vol. 36, No. 2, 1972, p. 176.

② Joseph Nye, “The Changing Nature of World Power”, *Political Science Quarterly*, Vol. 105, No. 2, 1990, p. 181.

③ Steven Livingston, “The Politics of International Agenda – Setting: Reagan and North – South”, *International Studies Quarterly*, Vol. 36, No. 3, 1992, p. 313.

设置与行为体相互依赖之间存在相关性”① 的观点。因此，都市“智慧反恐”体系构建的“两微一端一抖”推广，需要重点研究如何进行议程设置。

第二，在都市“智慧反恐”体系的“两微一端一抖”上，议程设置有助于发现并且扩大共同利益。为什么某些议程能进入讨论的中心被重点关注，而另外一些议程却被束之高阁且逐渐被遗忘？这就是约翰·金登（John Kingdon）分析的议程设置问题，即“在特定时期内行为体选择的讨论主题或问题清单”②。在都市“智慧反恐”体系的“两微一端一抖”上，议程设置就是自我选择与他者研讨什么防恐怖主义、反恐怖主义主题或聚焦什么防恐怖主义、反恐怖主义问题。都市“智慧反恐”体系不同部门的议程设置能力大小千差万别，议程关注焦点更是多种多样。交通部门关注交通安全以及公共交通工具上是否被安放易燃易爆物品的议程，教育机构研究如何推进防恐怖主义、反恐怖主义教育的议程，安保机构致力于维护社会安全稳定的议程，金融机构聚焦于如何处理非法资金的议程。那么，上述不同部门之间如何寻找共同利益，这就需要对“智慧反恐的两微一端一抖”进行议程设置与统筹规划。

第三，在都市“智慧反恐”体系的“两微一端一抖”上，议程设置有助于交往实践不断深化，为推进“都市命运共同体”进程奠定了基础。马克思在《德意志意识形态》中对实践进行了深

① Robert Keohane, Joseph Nye, *Power and Interdependence: World Politics in Transition*, Boston: Little, Brown and Company, 1977, p. 23.

② John Kingdon, *Agendas, Alternatives, and Public Policies*, New York: Addison – Wesley Educational Publishers, 2003, p. 5.

入的解读：“实践表现为双重关系：一种是人与自然的关系，即主客体关系；另一种是人与人的关系，即主体间关系”。[①] 这里的主体间关系就是源自交往实践。受到马克思的影响，“交往实践观”的思想被后续学者继承发扬，尤其体现在尤尔根·哈贝马斯（Jürgen Habermas）的“交往行动理论”中。交往实践是采取共同的、同其他人一起完成的实践形式，是对社会交往生活的表现和确认。

在都市“智慧反恐”体系的“两微一端一抖”上，议程设置首先是对议程的选择与控制，表现为一种主客体关系，具体体现是都市警务机构对议程的选择与操控。其次是议程设置又蕴含着一种主体间关系，表现为议程设置过程中自我需要与他者、公众进行交往沟通，采取共同的、相互尊重、友好协商的交往形式。“智慧反恐的两微一端一抖”的议程设置促进了“智慧反恐”实践过程的不断深化，是对“都市一体化”战略的实施和确认，把议程设置、议程引导、积极互动引入了“命运共同体”进程的研究，为实现都市长治久安提供了条件。

与政府网站相比，都市“智慧反恐”体系的警务微博、都市“智慧反恐”体系的警务微信、都市“智慧反恐”体系的警务抖音三者平台不同，议程设置的特色也不尽相同。都市“智慧反恐”体系的警务微博特点有两点：一是“微”，都市警务微博宣传防恐怖主义、反恐怖主义的内容每次不超过 140 个字符，言简意赅。二是“广”，都市警务微博宣传防恐怖主义、反恐怖主义的机制是

① ［德］卡尔·马克思著，中共中央翻译局译：《马克思恩格斯全集（第 42 卷）》，人民出版社 1979 年版，第 122—123 页。

“一对多”，每个都市警务微博用户有大量粉丝。都市“智慧反恐”体系的警务微信特点也有两点：其一是“准”，即微信与手机通讯录绑定且有仅朋友圈可见功能。都市警务微信相比都市警务微博，对用户传播效果的针对性更强。其二是“快”，用户通过手机移动功能阅读宣传防恐怖主义、反恐怖主义的微信快捷方便。都市“智慧反恐”体系的警务抖音特点也是两点：其一是“新”，都市警务抖音都是时下宣传防恐怖主义、反恐怖主义的最新议题。其二是“活”，都市警务抖音通过鲜活的文字话题和视频，激发青年群体对于了解防恐怖主义、反恐怖主义知识的兴趣。

都市警务新媒体“智慧反恐”的议程设置是重视都市警务机构网络话语权的体现。都市警务新媒体在“两微一端一抖”上能否与公众进行良性互动，直接关系到它在“两微一端一抖”上“智慧反恐”领域网络话语权的大小，影响到都市“智慧反恐的两微一端一抖”上网络热点话题的聚焦。成功的宣传性话题往往牵引公众思想，影响公众行为。探索都市警务机构新媒体发布的防恐怖主义与反恐怖主义议程与内容摘要生成机制，将都市警务新媒体防恐怖主义与反恐怖主义的文本解读、单条防恐怖主义与反恐怖主义的爆点信息分析、基于拓扑结构的防恐怖主义与反恐怖主义摘要生成演化技术相结合，是在人工智能视域下分析都市“智能反恐的两微一端一抖”的路径。

这里分析的是警务新媒体如何对都市“智慧反恐”体系进行宣传，评估恐怖主义组织与反恐机构在网络话语权领域的博弈态势。“两微一端一抖”是网络名人的聚集地和草根的狂欢场，恐怖主义分子躲在匿名的外衣下蠢蠢欲动，都市警务机构不占据绝对主导权。探索都市警务新媒体议程设置和防恐怖主义与反恐怖主义内容的摘要生成机制，基于自然语言处理中对文本进行内容归纳和概要生成的技术，为都市警务新媒体构建良性舆情与服务民生建言献策。“两微一端一抖”平台对都市警务机构的“智慧反恐”体系推广既是机遇又是挑战，如何既规避“两微一端一抖”的舆论风险又获得最大化的宣传效果成为都市“智慧反恐”体系构建中亟待解决的研究课题。

都市警务新媒体“智慧反恐”的网络传播特点应有下述四点：一是传播方式多样化。如前所述，都市警务新媒体“智慧反恐”的网络传播可以有防恐怖主义与反恐怖主义微博、防恐怖主义与反恐怖主义微信、防恐怖主义与反恐怖主义抖音、防恐怖主义与反恐怖主义客户端、防恐怖主义与反恐怖主义 APP 小程序等多种形式。二是议程设置亲民化。都市警务新媒体可以设置防恐怖主义与反恐怖主义监督与举报机制，将更多的防恐怖主义与反恐怖主义主人翁权利给予普通网友。三是“两微一端一抖”平台上的互动时滞大大缩短。在都市警务新媒体“智慧反恐”的宣传上，从传统媒体的数周时间缩短为互联网传播的黄金 24 小时。四是功能复杂化。在“两微一端一抖”平台上，都市警务新媒体“智慧反恐”的传播形式呈现出双向或多向互动特征。

都市警务新媒体“智慧反恐”与公众的互动内容有四点作用效果：一是形象引导。在“两微一端一抖”平台上，都市警务新媒体通过与网友进行评论互动，树立为民防恐反恐、克己为公、亲民友善的良好都市形象。二是认知引导。在“两微一端一抖”平台上，都市警务新媒体将公众注意力引导到防恐怖主义与反恐怖主义的议题上。三是视角引导。在“两微一端一抖”平台上，都市警务新媒体通过互动影响公众的立场倾向。四是显著性引导。在“两微一端一抖”平台上，通过对防恐怖主义与反恐怖主义议题给予的版面位置、使用的字体和发布时间先后、频率、次数，影响公众对于防恐怖主义与反恐怖主义议题重要性的认知。

在都市“智慧反恐”体系的新媒体宣传中，警务机构与普通网友互动内容的特征解读有六点：一是都市警务新媒体“两微一端一抖”的语言设计应具有亲和力与感染力。二是都市警务新媒体在“两微一端一抖”平台上发布内容的标题应能引起与公众的共鸣，例如“如果大家继续无所作为，恐怖分子将造成大量平民的伤亡”。三是都市警务新媒体在“两微一端一抖”平台上发布的内容信息类别越贴近现实、越接近生活、更新越快，越易引起公众的兴趣与转发，例如小型反恐机器人（机器蚂蚁）的信息报道。四是都市警务新媒体在“两微一端一抖”平台上发布内容应注意质量与数量并重。五是中国都市一旦发生危机性突发事件，例如类似发生在巴黎、伦敦、纽约、莫斯科、柏林、东京的恐怖主义事件，警务新媒体要对网络舆情进行积极导向。六是要求都市警务新媒体在“两微一端一抖”平台上的互动内容从对网友的被动应答为主转向主动原创为主。

就都市“智慧反恐”体系构建的规范话语权而言，行为体积极履行相关责任是优化形象且获得话语权的战略需求。以北京构建“智慧反恐”体系为例，北京作为具有重要影响力的城市以及大国首都，被普遍认为有首要义务维护京津冀区域安全稳定秩序与可持续发展。当然这并不意味着北京要对京津冀防恐怖主义与反恐怖主义事业进行盲目的大包大揽。北京警务机构一方面应基于京津冀安全系统的整体性影响，在“两微一端一抖”等新媒体宣传议程中强调需要京津冀共同建构“智慧反恐”体系。京津冀各利益攸关方不论强弱大小，都具有保护安全环境、促进可持续发展的共同责任。另一方面，北京警务机构在“两微一端一抖”等新媒体宣传中，在议程设置上反对“智慧反恐”体系建构的“责任平摊”主义，赞同行为体在力量允许的范围内承担相应责任。北京尤其是在防恐怖主义与反恐怖主义科学技术合作与智能标准推广方面，更应发挥带头作用。北京应在正确义利观的指导下，处理好自身利益与其他利益攸关方利益之间的关系，树立负责任的优质形象，通过与京津冀其他行为体进行平等协商与合作，实现在建构“智慧反恐”体系过程中的优势互补、互联互通、责任共担。

和平与繁荣符合都市共同发展的时代主题与根本议程。和平与发展既是中国都市实现富强的理论指导，亦是“一体化”理念的创新需求。恐怖主义的传统威胁尚未瓦解，恐怖主义的新威胁不断涌现，但合作与共赢的都市“智慧反恐”体系新秩序却迟迟没有建立起来。当前各国首都的安全形势紧张，首都一些重要公共场所有被恐怖主义组织实施袭击的可能性。北京在新媒体议程宣传中有责任维护京津冀的和平与稳定。

构建都市“智慧反恐”体系需要在“两微一端一抖”等新媒体宣传中设置“共存共建”的议程。“共存”是指京津冀作为一个整体而存在，都市“智慧反恐”体系内部彼此包容而非排斥。“共建”是指都市“智慧反恐”体系的未来应该由三地共同建设。

在新媒体宣传议程中，北京可从两个方面入手：一是北京坚定支持在“京津冀一体化”精神的指导下化解京津冀地区的冲突风险，按照相关法律规范妥善处理各利益攸关方之间的利益分歧。二是在“两微一端一抖”等新媒体平台上，积极宣传北京“智慧反恐”体系的理论与成就，化解各种可能的不和谐之音。

北京警务机构在“两微一端一抖”等新媒体平台中宣传都市构建“智慧反恐”体系的实践活动，以都市共同利益为出发点，设置都市“共赢共享”的议程。“共赢”是指都市“智慧反恐”体系利益攸关方在共同参与防恐怖主义与反恐怖主义的过程中互利互惠，实现共同利益。“共享”是指“智慧反恐”体系利益攸关方共同拥有参与防恐怖主义与反恐怖主义的权利，共同享有“智慧反恐”体系善治所带来的收益。都市“智慧反恐”体系已经将各利益攸关方紧密联系在了一起。例如，京津冀“智慧反恐”体系需要将京津冀各方的地缘毗邻优势、政治经济优势转化为确实的可持续合作动力，扩大京津冀共同利益，打造京津冀利益共同体。

都市警务机构在“两微一端一抖”等新媒体平台中还可以通过设置“共赢共享”的议程，宣传都市作为“智慧反恐”体系的贡献者，都市的安全稳定发展成就惠及都市人民和利益攸关方。一是宣传构建都市“智慧反恐”体系坚持“可持续发展”的理念，不仅要实现都市当代人的整体利益，还要兼顾都市子孙后代的共同利益；不仅要发掘都市的资源潜力，还要考虑都市的安全承载力。二是宣传构建都市“智慧反恐”体系坚持与其他利益攸关方进行平等协商，实现共同利益的最大化，营造合作共赢的局面。三是宣传构建都市“智慧反恐”体系倡导民主与开放理念，为不同利益攸关方平等参与都市“智慧反恐”体系规范构建提供机制保障。① 四是宣传以都市“智慧反恐”体系开发与应用为依托，倡导多方共建都市“智慧反恐”体系，为防恐怖主义、反恐怖主义与保护京津冀安全稳定做出贡献。

## 第三节　非传统安全视域下都市“智慧反恐”体系的数据分析

如图 7—2 所示，笔者通过 Feedzilla 程序收集都市警务新媒体发布的内容，统计它们的“标题”“关键词”“信息类型”“来源渠道”“发布时间”“转发数与评论数”，再通过链接提取发布者的“博文数”“加关注数”与“粉丝数”等，以分析影响都市警务新媒体传播的各种要素，提取样本中的语言生成词频统计分析样本，采用 ROSTWordParser 中文分词系统进行切词及词频分析，统计被成功转发内容中的常见词，以总结都市警务新媒体成功推广的经验。

笔者通过分析上述都市警务新媒体与网友互动内容的语言特征，发现推广效果良好的都市警务新媒体语言具有亲民性、包容性、开放性特征，通俗易懂、风趣幽默、言简意赅、活泼生动。

① 何影：《利益共享的政治学解析》，《学习与探索》，2010 年第 4 期，第 80 页。

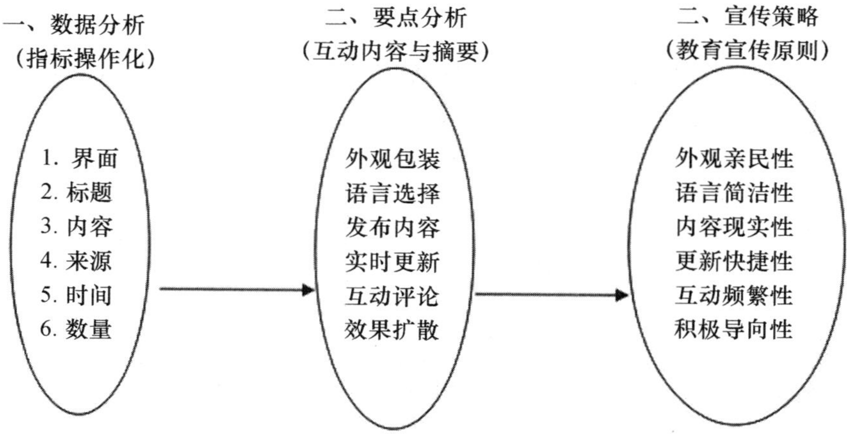


**图 7—2 数据分析与操作化“智慧反恐两微一端一抖”**

笔者自制。

在分析都市警务新媒体防恐怖主义与反恐怖主义类信息的摘要生成机制过程中，需要采集数据集与实验研究，检验拓扑结构算法在都市警务新媒体摘要生成中的有效性与可行性。通过对都市警务新媒体防恐怖主义与反恐怖主义类信息发布与互动的分析，不仅能为都市警务新媒体的发展建言献策，还为共建和谐网络环境贡献力量。

在本书针对都市警务新媒体推广接受度的调查中，根据已有文献的梳理与探讨，以原有的科技接受模型为基础，增加了消息推送、兴趣等因素修正后，提出了概念性架构如图 7—3 所示。

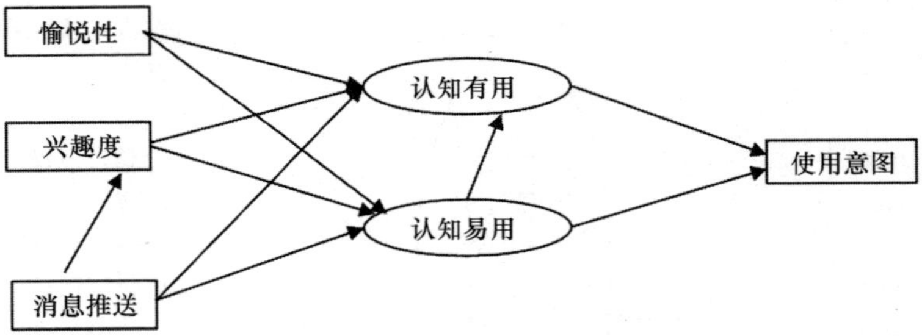


**图 7—3　都市警务新媒体用户的接受模式**

笔者自制。

## 一、研究假设

假设一：兴趣度会影响公众持续使用都市警务新媒体。

众所周知，在科技产品领域，兴趣能够刺激消费者对产品的关注深度，增加用户对产品的粘度，比如每一代手机发布都有忠实的粉丝购买，因此，好的兴趣对用户决定是否选择产品有重要作用。因为兴趣是一个潜在意识。培养用户对都市警务新媒体的了解程度和兴趣深度，这样才能更好地为用户提供服务，也才能使公众在众多的微信公众号中选择政务微信。据此，本书提出以下假设：H1：公众的兴趣度与公众最终选择某一个都市警务新媒体微信关注之间为正向关系。

假设二：愉悦感影响公众使用都市警务新媒体的意图。

当使用资讯技术或在操作过程中，若公众感受到较多乐趣，将对于此资讯技术有较为正面的影响与感受，而如果界面枯燥、内容乏味、较少更新则被公众抛弃。据此，本书推论出以下假设：H2：公众的使用愉悦感和对都市警务新媒体的使用意图为正向相关。

假设三：消息推送影响公众对都市警务新媒体的使用意图。

微信平台的消息推送具有一定的功能性，依据使用经验，部分使用者的微信会自动接收平台每日推送的消息，这增强了都市警务新媒体的普及程度，增加了都市警务新媒体的影响力，也影响了都市警务新媒体的有用性，进而影响公众的使用意图，据此，本书提出以下假设：H3：消息推送影响公众对都市警务新媒体的使用意图。

## 二、样本分析

笔者针对警务新媒体的关注者做问卷发送，对北京城区发放调查问卷 10 万份，回收警务新媒体调查问卷 29410 份，警务新媒体关注者占随机调查问卷的 29.41%。通过对样本内容进行聚类分析，总结出如下内容。

### （一）阅读警务新媒体的时间点

如上图所示，在 29410 份警务新媒体关注者的调查问卷中，有 1220 人选择了在早上起床时关注警务新媒体，有 13170 人选择了在睡觉前关注警务新媒体，有 3350 人选择了在用餐时关注警务新媒体，有 3810 人选择了在乘车时关注警务新媒体，有 4320 人选择了在上课或工作时关注警务新媒体，有 3540 人选择了其他时

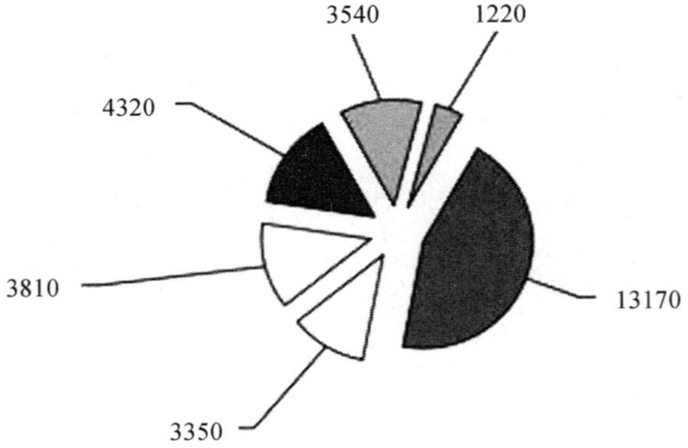


**图 7—4　阅读政务微信的时间点**

笔者自制。

间关注警务新媒体。由此可见，在睡觉前阅读警务新媒体的人居多，占有效问卷数的 44.78%，其他时间使用人数比较平均，无明显集中。

### （二）每次关注警务新媒体的时长

在 29410 份有关警务新媒体的问卷中，有 10590 人选择了关注警务新媒体的时长 5 分钟以内，占 36%；有 8820 人选择了关注警务新媒体的时长每次 5—10 分钟，占 30%；有 4410 人选择了关注警务新媒体每次 10—15 分钟，占 15%；有 5590 人选择了关注警务新媒体每次 15 分钟以上，占 19%。由此可见，很少有人持续长时间使用警务新媒体，并且大部分人只是对警务新媒体内容进行了简单的浏览，当然这也和警务新媒体每天发布的信息长短和更新频率有关，发布信息长和更新频率高的警务新媒体获得公众

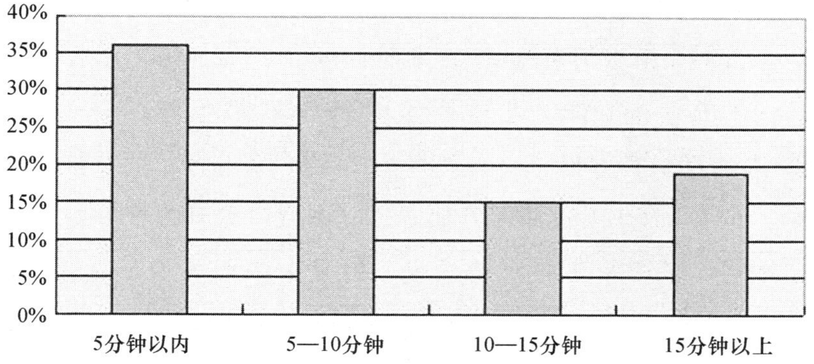


**图 7—5 每次关注警务新媒体的时长**

笔者自制。

关注的时间也较长，比如北京市公安局的政务微信“平安北京”经常发布各类安全信息。

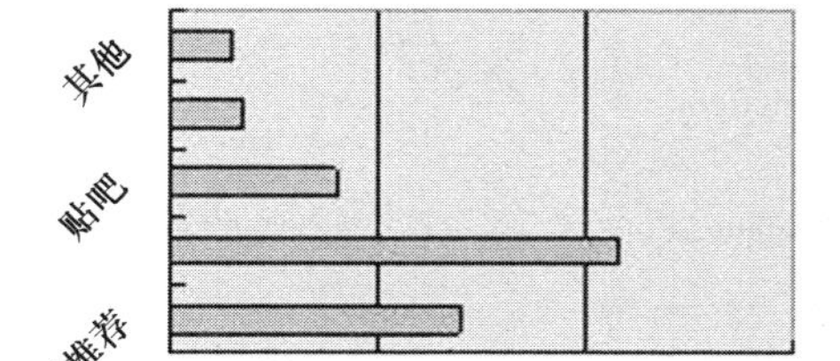


**图 7—6 认知警务新媒体的途径**

笔者自制。

## （三）认知警务新媒体的途径

在29410份有关警务新媒体的问卷中，有4590人选择了贴吧，占16%；有2230人选择了微博等网络信息，占7%；有8180人选择了官方推荐，占28%；有12650选择了朋友推荐，占43%；还有1760人选择了其他方式。由此可见官方推荐警务新媒体比贴吧、微博等更有宣传效果，但是效果尚不及朋友推荐好，因此警务新媒体能够真正深入人心还是在于其口碑和公众的使用感受。

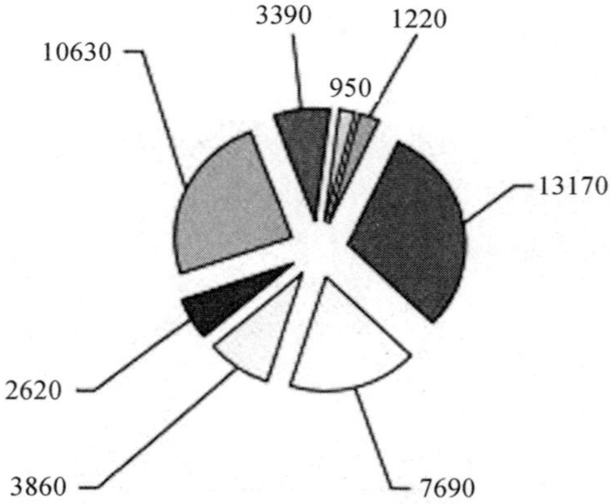


**图7—7　经常关注警务新媒体的何种信息**

笔者自制。

## （四）经常关注警务新媒体的何种信息

在29410份有关警务新媒体的问卷中，有10630人选择关注安全动态，有7960位公众选择关注电信诈骗，有3860人选择了解防盗信息，有2620人选择学习防恐、反恐信息，有3390人选择了解安全出行，有950人关注突发事件下的危机处理流程。由此可见，关注警务新媒体的公众重在了解各种安全类信息。基于人民网微信平台数据的分析显示，警务新媒体的关注量总体呈现显著上涨趋势。其中青年群体迅速上升，所占比例较大，说明公众对安全类微信的兴趣是可持续性的，政府应该继续推广警务新媒体，把优质服务信息提供给更多的公众。

## 三、现实障碍

警务新媒体想要深入发展，必须从战略高度重视推广警务新媒体，安排专业人员，构建警务新媒体的传播体系，结合各层次、各部门的力量，并联系运营商，实现警务新媒体的跨越式发展。

### （一）国内都市警务新媒体体系尚未形成

如前所述，尽管部分北京政府机构已经构建了警务新媒体，但整体的都市警务新媒体体系尚未形成，且内容单调、缺乏互动。此外，都市政府机构各级警务新媒体的管理者并未充分把握受众以及网络推广的特点，没有结合政府所在部门的性质，迄今为止，缺乏自身平台的明确定位，发布的消息雷同，未形成自身特色，警务新媒体的WCI指数参差不齐。

### （二）公众对警务新媒体的认知度偏低

从公众整体关注的分布来看，根据笔者收集的样本数据可知，公众对都市警务新媒体的关注度明显滞后。31.59%的公众并不知道本市开通了警务新媒体，39%的公众知道本市开通了警务新媒体但并不关注，仅有29.41%的公众关注警务新媒体。从这些数据可以看出，警务新媒体在公众当中的曝光率不够、知名度不高、影响力欠佳。

### （三）警务新媒体内容与公众兴趣点匹配度较低

通过分析警务新媒体转播和转评的内容，来分析公众兴趣点。先是选取了350个公众微信账号，然后每个账号抓取100条信息，共35000条，剔除非转播或转评微信，最后得出的微信数为12467条。通过对公众转播和转评的广播进行标注分类，得出公众对微信的兴趣点集中在以下三个方面：一是趣味内容，多是各种笑话段子，以及漫画。二是娱乐内容，关注公众人物的各种信息以及生活八卦。三是情感类文学内容，比如心灵鸡汤和情感故事，也在公众微信中频繁转发。警务新媒体在发布信息时，应适度考虑公众的兴趣点，尝试以趣味与娱乐方式发布“智慧反恐”信息。

## 四、发展建议

就具体情况而言，在都市“智慧反恐的两微一端一抖”的网络推广过程中，笔者对都市警务新媒体与网友互动、发布防恐怖主义与反恐怖主义的内容有六点建议：一是通过标题效应，都市警务新媒体突出防恐怖主义与反恐怖主义的议题属性，充分发挥舆论导向作用。二是都市警务新媒体进行防恐怖主义与反恐怖主义的专题策划，将反映同类型的多篇内容组织到同一专题。如都市警务新媒体设置“防恐反恐最新看点”“防恐反恐专区”“防恐反恐与民生的关联”等专题。三是都市警务新媒体除了使用文字、图片外，还应积极采用视频、音频、动画等多媒体素材。四是都市警务新媒体应制订详实的“智慧反恐”新媒体推广计划。五是都市警务新媒体应借助网络流行词、新闻热词、热点推荐等形式，形成“智慧反恐”体系的标签议题。六是都市警务新媒体对“智慧反恐”体系的重大议题应采取连续播报，注重调动网友参与的积极性。

由上可知，都市“智慧反恐的两微一端一抖”的联动机制迫切需要建立。“智慧反恐的两微一端一抖”是在前人基础上进行的创新与推进，拓展了都市警务机构与新媒体的研究领域，推动了对都市警务新媒体视角下“智慧反恐”研究的深化，构建了都市警务新媒体“智慧反恐”议程设置与内容摘要生成的研究机制，并认为都市警务机构应积极与运营商开展合作。都市警务新媒体语言选择与议题设置至关重要，都市警务机构应注重及时回复、倾听民意、处理危机，达到在都市“智慧反恐”宣传领域，都市警务微博、微信、抖音、客户端的优势互补，实现集群效应。都市“智慧反恐的两微一端一抖”的构建机制应长效化、专业化、技术化。

开展都市“智慧反恐的两微一端一抖”宣传与联动有益于推动都市“智慧反恐”体系的建设。在都市“智慧反恐的两微一端一抖”的宣传过程中，都市“智慧反恐”体系的警媒合作、议程设置、语言策略、机制构建发挥了至关重要的作用。随着人工智能进程的推进，防恐怖主义与反恐怖主义从传统范式逐渐转变为

“智慧反恐”体系的主导范式，都市“智慧反恐的两微一端一抖”宣传的重要性也随之凸显。都市“智慧反恐的两微一端一抖”的议程设置要关注议程的关联性和导向性，要重点解读议程所能引发的共鸣度与议程属性特征，才能激发宣传过程中的“我们感”。都市警务机构在社交媒体上提出的议程越具有普及性，其议程设置过程越能引起他者共鸣，就越容易被公众所接受，也就越能推进“命运共同体”进程；反之，都市警务机构提出的议程越具有特殊性，其议程设置过程只考虑少数个例，就越难被公众接受，最终也就越难形成“命运共同体”。

如果互不交往且互相误解，彼此间关系将停留在陌生人、竞争者，甚至走向敌人；反之，如果开展良性互动与合作交流，彼此的关系将不断趋向于朋友、伙伴，直至“命运共同体”。都市警务机构的“智慧反恐的两微一端一抖”要不断创新议程设置与机制联动，为维持都市的长治久安而不懈努力。鉴此，都市警务机构的“智慧反恐的两微一端一抖”，首先要努力挖掘都市政府与公众的共同点与相似点，且通过议程设置来扩大这些相同或相似点。其次，不仅要把尽可能多的公众定位为伙伴，还要引导公众也把警务机构视为伙伴，将互动交流机制的主导属性定位为合作共赢。最后，通过议程设置、语言策略与机制构建来营造“我们感”，推动“命运共同体”进程。

自《中华人民共和国反恐怖主义法》发布以来，尤为可喜的是，京津冀警务机构就合作共建防恐怖主义与反恐怖主义的一体化平台已经达成共识，在京津冀城市之间交替举办合作反恐的研讨会，且签署合作的框架协议，目标是建立多层次、多领域、多方面的合作机制，理顺了集体行动的逻辑。这有利于打击恐怖主义，显示出京津冀防恐怖主义与反恐怖主义合作的强烈愿望并付诸实践，提升了京津冀团结的形象，赢得了媒体的积极评价，增进了京津冀三方的认同，培养了感情，为“京津冀命运共同体”的建设奠定了基础。

都市警务机构“智慧反恐的两微一端一抖”意味着警媒合作、议程设置、语言策略、机制构建对“智慧反恐”体系进程的重要意义，从四个层面推动“智慧反恐”体系的全面发展。如何判断都市警务机构“智慧反恐的两微一端一抖”具备有效性？笔者认为主要在于如下四点：一是能否有利于都市“智慧反恐”体系的长远发展；二是能否维护地区的社会安全稳定；三是能否有利于都市之间凝聚共识防恐反恐；四是能否有利于达成都市之间“命运共同体”的目标。

诚然，都市“智慧反恐”体系及都市长治久安的建设过程不仅依赖于警务机构在“两微一端一抖”上的宣传推广，还有更多的干扰因素与复杂环境需要考虑。都市“智慧反恐”体系及长治久安的建设过程也不可能是一帆风顺的。我们需要有长远的规划与随时解决困难的能力，要有决心、有信心、有耐心突破阻力，更要持之以恒、一步一个脚印地建设都市“智慧反恐”体系与维护都市的安全稳定。

# 参考文献

## 一、中文文献（按首字母排序）

1. 北京市发展和改革委员会：《京津冀协同发展重大国家战略实施五周年成效》，http：//www. beijing. gov. cn/ywdt/zwzt/jjjyth/zxxxi/201902/t20190225_1819365. html。

2. 蔡昉：《金德尔伯格陷阱还是伊斯特利悲剧？——全球公共品及其提供方式和中国方案》，《世界经济与政治》，2017 年第 10 期。

3. 储殷：《权力、市场与文化：人类命运共同体的三重构建》，《当代世界与社会主义》，2018 年第 3 期。

4. 池梦蕊、马建朋：《北京站开展反恐演练提高应急处置能力》，人民网，2019 年 3 月 4 日，http：//bj. people. com. cn/n2/2019/0304/c82840 – 32703038. html。

5. 陈建：《2017 年反恐宣传周活动启动》，中国新闻网，2017 年 4 月 28 日，http：//www. bj. chinanews. com/news/2017/0428/58017. html。

6. 第七届中国国际警用装备博览会：《中航工业：光电巡检机器人》，http：//www. cpspew. com/special/guanggao/。

7. 都伊林、吴骁：《智慧城市视角下完善反恐预警机制》，《情报杂志》，2015 年第 7 期。

8. 方长平：《中国与世界主要国家或地区的国际秩序观比较》，《国际政治研究》，2012 年第 4 期。

9. 高尚涛：《关系认同：结构与行为》，《国际观察》，2019 年第 4 期。

10. 何兰：《亚洲新安全观的渊源、理念及其意义》，《思想理论教育导刊》，2014 年第 10 期。

11. 贾烈英：《国际制度的有效性：以联合国为例》，《国际政治科学》，2006 年第 1 期。

12. 梁昊光：《京津冀一体化对首都人口规模的影响》，《北京社会科学》，2011 年第 1 期。

13. 李兴：《金砖国家文化研究》，《俄罗斯文艺》，2015 年第 4 期。

14. 李德毅、刘常昱、杜鹢、韩旭：《不确定性人工智能》，《软件学报》，2004 年第 11 期。

15. 李阳：《适应新时代背景的反恐情报信息服务：体系构建与实施路径》，《图书情报知识》，2019 年第 4 期。

16. 李涛：《京津冀三地将共建反恐防恐网络，推进警务协同》，《北京青年报》，2016 年 1 月 26 日，第 1 版。

17. 刘波：《全球化时代城市外交的地方经验——以北京为例》，《西部学刊》，2017 年第 4 期。

18. 刘宪权：《人工智能时代的刑事风险与刑法应对》，《法商研究》，2018 年第 1 期。

19. 卢静：《当前全球治理的制度困境及其改革》，《外交评论（外交学院学报）》，2014 年第 1 期。

20. 京津冀协同发展领导小组办公室：《聚焦京津冀协同发展：

2030 年基本形成一体化格局》，http：//theory. people. com. cn/n/2015/0824/c49154 －27505403. html。

21. 秦亚青：《正确义利观：新时期中国外交的理念创新和实践原则》，《求是》，2014 年第 12 期。

22. 上海交通大学特种机器人研究室：《特种机器人》，http：//arobot. sjtu. edu. cn/index. html。

23. 苏淑民：《民间网络外交与中国的应对之策》，《人民论坛》，2015 年第 8 期。

24. 孙吉胜：《加强中国文化理念的国际传播——以人类命运共同体话语为例》，《对外传播》，2019 年第 7 期。

25. 孙越颖、杨玉海、朱海明：《2022 年冬奥会反恐形势及防范对策研究》，《北京警察学院学报》，2018 年第 1 期。

26. 宋勇建、高占江：《大数据时代人工智能在计算机网络技术中的应用价值》，《计算机产品与流通》，2020 年第 3 期，第 7 页。

27. 腾讯：《微信和 WeChat 合并月活达 12.025 亿，小程序日活超 4 亿》，https：//tech. sina. com. cn/roll/2020 － 05 － 14/doc － iirczymk1583071. shtml。

28. 王逸舟：《软实力构建应转变思路》，《领导文萃》，2016 年第 3 期。

29. 王志民：《“一带一路”背景下的对外开放地缘布局》，《中国边疆学》，2015 年第 2 期。

30. 王雨佳、于浩、杨子慧：《智慧警务视野下城市反恐建设研究》，《武警学院学报》，2020 年第 6 期。

31. 王明国：《制度实践与中国的东亚区域治理》，《当代亚太》，

2017 年第 4 期。

32. 王萌萌：《京津冀三地将共建反恐防恐网络，推进警务协同》，新华网，http：//www. xinhuanet. com//politics/2016 – 01/26/c_1117891922. htm。

33. 文华炯：《5G 通信技术与人工智能的融合与发展趋势》，《科技创新与应用》，2020 年第 7 期。

34. 吴斌、刘沛、陈德树：《继电保护中的人工智能技术及其应用》，《电力系统自动化》，1995 年第 5 期。

35. 吴汉东：《人工智能时代的制度安排与法律规制》，《法律科学（西北政法大学学报）》，2017 年第 5 期。

36. 肖欢容：《地区主义理论的新进展》，《世界经济与政治》，2003 年 04 期。

37. 新华社：《从竞争走向竞合——聚焦京津冀一体化发展》，中央政府门户网站，http：//www. gov. cn/xinwen/2014 –07/13/content_2716665. htm。

38. 徐立民：《北京举行反恐主题公益广告推广宣传活动》，中国警察网，2019 年 12 月 27 日，http：//news. cpd. com. cn/n12021581/n12021582/201912/t20191227_874373. html。

39. 杨剑、郑英琴：《“人类命运共同体”思想与新疆域的国际治理》，《国际问题研究》，2017 年第 4 期。

40. 尹继武：《规范视角下的中国国际化进程——评〈奥运会与北京国际化〉》，《国际观察》，2011 年第 1 期。

41. 喻名峰：《全球正义：罗尔斯正义理论的国际拓展》，《湖南师范大学社会科学学报》，2011 年第 3 期。

42. 邹蕾、张先锋：《人工智能及其发展应用》，《信息网络安全》，

2012 年第 2 期。

43. 曾子明、王婧：《基于顶层设计的智慧反恐情报服务及保障研究》，《情报杂志》，2017 年第 8 期。

44. 张爽：《美国崛起的若干历史经验及对中国的启示》，《中国党政干部论坛》，2014 年第 10 期。

45. 张胜军：《在京国际人士对北京国际化的认知与评价调查报告》，《中国会议》，2008 年第 10 期。

46. 张永缜：《马克思主义共生理论探微》，《理论导刊》，2014 年第 12 期。

47. 中国人民武装警察部队工程大学：《智能水刀排爆机器人》，专利之星检索系统，http：//cprs. patentstar. com. cn/Search/Detail？ANE = 7AFA9GFC9DID9DAA9HED1ABA9EFF9DGA9DIH9GEB9IDF9EBF 。

48. 中科院沈阳自动化所：《灵蜥系列反恐防暴机器人》，http：//rlab. sia. cas. cn/sptp/lu/201808/t20180823_420679. html。

49. 中华人民共和国科技部：《最新发现与创新：我国研制成功新型反恐防爆机器人》，http：//www. most. gov. cn/gnwkjdt/200412/t20041209_17930. htm。

50. 中华人民共和国科技部：《微波成像技术国家级重点实验室》，ht-tp：//www. nrscc. gov. cn/nrscc/xgjg/sys/201206/t20120619_31222. html。

## 二、外文文献（按首字母排序）

1. Alberts, D. S. (2010). The agility imperative: Precis. Washington, DC: Command and Control Research Program, International Command and Control Institute. Retrieved from http: //dodccrp. org/files/Alberts_Agility_

Imperative_Precis. pdf.

2. Alberts, D. S. , & Hayes, R. E. (2005). Code of Best Practice. Campaigns of experimentation: Pathways to innovation and transformation. Retrieved from www. dtic. mil/cgi - bin/GetTRDoc? AD = ADA457167.

3. Alberts, D. S. , & Nissen, M. E. (2009). Toward harmonizing command and control with organization and management theory. The International C2 Journal, 3 (2), 1 - 59.

4. Alexander, R. D. (2007). Using simulation for systems of systems hazard analysis. University of York, Allemang, D. , & Hendler, J. (2011). Semantic web for the working ontologist: effective modeling in RDFS and OWL. Elsevier.

5. Amstutz, P. , Andra, M. , & Rice, D. (2012). Reasoning, planning, and goal seeking: a cognitive approach for small combat unit constructive simulation. Paper presented at the Proceedings of the 2012 Symposium on Military Modeling and Simulation. Academic Press.

6. Anderson, M. A. , Galligan, D. P. , Lauren, M. K. , & McIntosh, G. C. (2007). MANA (Map Aware Non - Uniform Automata), Version 4 User Manual. New Zealand: Operations Analysis Section, Defense Technology Agency.

7. Antoniou, G. , & Van Harmelen, F. (2009). Web ontology language: OWL. In S. Steffen & S. Rudi (Eds. ), Handbook on ontologies (pp. 91 - 110). Berlin: Springer.

8. United States Army (2003). Field Manual 6 - 0 Mission Command: Command and Control of Army Forces. Headquarters. Washington, DC: De-

partment of the Army.

9. Baeyer, A. v. (2003). The Relevance of Human Behaviour Representation in Future C2 Systems: Current and Future Research Approaches.

10. Balci, O., & Ormsby, W. F. (2007). Conceptual modelling for designing large-scale simulations. Journal of Simulation, 1 (3), 175-186.

11. Barnett, A., Smith, S., & Whittington, R. P. (2014). Using Causal Models to Manage the Cyber Threat to C2 Agility: Working with the Benefit of Hindsight.

12. Bleakley, K., & Vert, J. P. (2011). The group fused Lasso for multiple change-point detection.

13. Bowden, F. D. J., & Fred, D. J. B. (1996). Petri nets and their application to command andcontrol systems. Defence Science And Technology Organization Canberra.

14. Broekstra, J., Kampman, A., & Van Harmelen, F. (2002). Sesame: A generic architecture for storing and querying rdf and rdf schema. In The Semantic Web—ISWC 2002 (pp. 54-68). Springer.

15. Cain, B., & Belyavin, A. (2015). Inclusion of Human Behaviour Representation in military modelling and simulation.

16. Cambridge University. (2016). RDF Vs. XML. Retrieved from http://www.cambridgesemantics.com/semantic-university/rdf-vs-xml.

17. Cares, J. R. (2004). An information age combat model. Paper for the 9th ICCRTS. Academic Press.

18. Carl, G., Kesidis, G., Brooks, R. R., & Rai, S. (2006). Denial-of-service attack detection techniques. IEEE Internet Computing, 10

(1), 82 -89.

19. Caton, J. L. (2013, June). Complexity and emergence in ultra - tactical cyberspace operations. In Proceedings of the 2013 5th International Conference on Cyber Conflict (CYCON 2013) (pp. 1 -14).

20. Cayirci, E., & Ghergherehchi, R. (2011). Modeling cyber attacks and their effects on decision process. Paper presented at the Proceedings of the 2011 Winter Simulation Conference. Academic Press.

21. Chambers, N., Bowen, V., Genco, E., Tian, X., Young, E., Harihara, G., & Yang, E. (2015). Identifying politicalsentiment between nation states with social media. In Proceedings of the conference on empirical methods in natural language processing, (pp. 65 -75).

22. Chandrasekaran, S., Silver, G., Miller, J. A., Cardoso, J., & Sheth, A. P. (2002). XML - based modeling and simulation: web service technologies and their synergy with simulation. Paper presented at the Proceedings of the 34th conference on Winter simulation: exploring new frontiers. Academic Press.

23. Charitoudi, K., & Blyth, A. J. C. (2014). An Agent - Based Socio - Technical Approach to Impact Assessment for Cyber Defense. Information Security Journal: A Global Perspective, 23 (4 -6), 125 -136.

24. Chau, W., & Grieger, D. (2013). Operational Synthesis for Small Combat Teams: Exploring the Scenario Parameter Space Using Agent - based. In Proceedings of the 22nd National Conference of the Australian Society for Operations Research. Academic Press.

25. Dahlbom, A., & Nordlund, P. -J. (2013). Detection of hostile

aircraft behaviors using dynamic bayesian networks. Paper presented at the 2013 16th International Conference onInformation Fusion (FUSION). Academic Press.

26. Horrocks, I. et al. (2000). The semantic web: The roles of XML and RDF. IEEE Internet Computing, 4 (5), 63 – 73.

27. Decker, S., Melnik, S., Van Harmelen, F., Fensel, D., Klein, M., Broekstra, J., & Horrocks, I. (2000). The semantic web: The roles of XML and RDF. IEEE Internet Computing, Washington DC, USA, 4 (5), 63 – 73.

28. Department of Defense. (2001). FM 3 – 90 Tactics. Field Manual, Headquarters, Department of the Army.

29. Department of Defense. (2010). DoDAF Architecture Framework Version 2. 02. Retrieved from http://dodcio. defense. gov/Library/DoD – Architecture – Framework/.

30. Derler, P., Lee, E. A., & Vincentelli, A. S. (2012). Modeling Cyber – Physical Systems. Proceedings of the IEEE, 100 (1), 13 – 28.

31. DiLeo, J. J. (1994). Use of Petri Nets in the Simulation of Command and Control Systems.

32. Drogoul, A., Vanbergue, D., & Meurisse, T. (2003). Multi – agent Based Simulation: Where Are the Agents? Paper presented at the Multi – Agent – Based Simulation II: Third International Workshop, MABS 2002. Academic Press. doi: 10. 21236/ADA289942.

33. Dupuy, T. N. (1987). Understanding War: History and a Theory of Combat. New York: Paragon House Publishers.

34. Ebrahimi, M. , Suen, C. Y. , & Ormandjieva, O. (2016). Detecting predatory conversations in socialmedia by deep Convolutional Neural Networks. (2016). Digital Investigation, 18, 33 –49.

35. Endsley, M. R. , & Jones, D. G. (2011). What Is Situation Awareness? In Designing for Situation Awareness (pp. 13 – 30). CRC Press. doi: 10.1201/b11371 –4.

36. European Parliament, Regulation (EU) 2021/784 of the European Parliament and of the Council of 29 April 2021 on addressing the dissemination of terrorist content online.

37. European Parliament, Directive (EU) 2016/681 of the European Parliament and of the Council of 27 April 2016 on the use of passenger name record (PNR) data for the prevention, detection, investigation and prosecution of terrorist offences and serious crime.

38. European Parliament, Directive (EU) 2019/1153 of the European Parliament and of the Council of 20 June 2019 laying down rules facilitating the use of financial and other information for the prevention, detection, investigation or prosecution of certain criminal offences, and repealing Council Decision 2000/642/JHA.

39. European Parliament, Regulation (EU) 2021/1149 of the European Parliament and of the Council of 7 July 2021 establishing the Internal Security Fund.

40. European Parliament, Regulation (EU) 2018/1672 of the European Parliamentand of the Council of 23 October 2018 on controls on cash entering or leaving the Union and repealing Regulation (EC) No 1889/2005.

41. European Parliament, Regulation (EU) No 513/2014 of the European Parliament and of the Council of 16 April 2014 establishing, as part of the Internal Security Fund, the instrument for financial support for police cooperation, preventing and combating crime, and crisis management and repealing Council Decision 2007/125/JHA.

42. European Parliament, Regulation (EU) 2019/880 of the European Parliament and of the Council of 17 April 2019 on the introduction and the import of cultural goods.

43. European Parliament, Directive (EU) 2018/1673 of the European Parliament and of the Council of 23 October 2018 on combating money laundering by criminal law.

44. European Parliament, Regulation (EU) 2019/1148 of the European Parliament and of the Council of 20 June 2019 on the marketing and use of explosives precursors, amending Regulation (EC) No 1907/2006 and repealing Regulation (EU) No 98/2013.

45. European Parliament, Regulation (EU) 2016/580 of the European Parliament and of the Council of 13 April 2016 on the introduction of emergency autonomous trade measures for the Republic of Tunisia.

46. European Parliament, Directive 2005/65/EC of the European Parliament and of the Council of 26 October 2005 on enhancing port security.

47. European Parliament, Regulation (EU) 2019/817 of the European Parliament and of the Council of 20 May 2019 on establishing a framework for interoperability between EU information systems in the field of borders and visa and amending Regulations (EC) No 767/2008, (EU) 2016/399, (EU)

2017/2226, (EU) 2018/1240, (EU) 2018/1726 and (EU) 2018/1861 of the European Parliament and of the Council and Council Decisions 2004/512/EC and 2008/633/JHA.

48. European Parliament, Regulation (EU) No 603/2013 of the European Parliament and of the Council of 26 June 2013 on the establishment of 'Eurodac' for the comparison of fingerprints for the effective application of Regulation (EU) No 604/2013 establishing the criteria and mechanisms for determining the Member State responsible for examining an application for international protection lodged in one of the Member States by a third – country national or a stateless person and on requests for the comparison with Eurodac data by Member States' law enforcement authorities and Europol for law enforcement purposes, and amending Regulation (EU) No 1077/2011 establishing a European Agency for the operational management of large – scale IT systems in the area of freedom, security and justice.

49. European Parliament, Regulation (EU) 2019/818 of the European Parliament and of the Council of 20 May 2019 on establishing a framework for interoperability between EU information systems in the field of police and judicial cooperation, asylum and migration and amending Regulations (EU) 2018/1726, (EU) 2018/1862 and (EU) 2019/816.

50. European Parliament, Regulation (EU) 2021/947 of the European Parliament and of the Council of 9 June 2021 establishing the Neighbourhood, Development and International Cooperation Instrument – Global Europe, amending and repealing Decision No 466/2014/EU and repealing Regulation (EU) 2017/1601 and Council Regulation (EC, Euratom) No 480/2009.

51. European Parliament, Regulation (EU) 2016/794 of the European Parliament and of the Council of 11 May 2016 on the European Union Agency for Law Enforcement Cooperation (Europol) and replacing and repealing Council Decisions 2009/371/JHA, 2009/934/JHA, 2009/935/JHA, 2009/936/JHA and 2009/968/JHA.

52. European Parliament, Directive 2012/29/EU of the European Parliament and of the Council of 25 October 2012 establishing minimum standards on the rights, support and protection of victims of crime, and replacing Council Framework Decision 2001/220/JHA.

53. European Parliament, Directive 2009/81/EC of the European Parliament and of the Council of 13 July 2009 on the coordination of procedures for the award of certain works contracts, supply contracts and service contracts by contracting authorities or entities in the fields of defence and security, and amending Directives 2004/17/EC and 2004/18/EC.

54. European Parliament, Regulation (EU) 2021/1148 of the European Parliament and of the Council of 7 July 2021 establishing, as part of the Integrated Border Management Fund, the Instrument for Financial Support for Border Management and Visa Policy.

55. Regulation (EU) 2021/782 of the European Parliament and of the Council of 29 April 2021 on rail passengers' rights and obligations.

56. European Parliament, Regulation (EU) 2021/696 of the European Parliament and of the Council of 28 April 2021 establishing the Union Space Programme and the European Union Agency for the Space Programme and repealing Regulations (EU) No 912/2010, (EU) No 1285/2013 and (EU)

No 377/2014 and Decision No 541/2014/EU.

57. European Parliament, Regulation (EU) 2021/690 of the European Parliament and of the Council of 28 April 2021 establishing a programme for the internal market, competitiveness of enterprises, including small and medium – sized enterprises, the area of plants, animals, food and feed, and European statistics (Single Market Programme) and repealing Regulations (EU) No 99/2013, (EU) No 1287/2013, (EU) No 254/2014 and (EU) No 652/2014.

58. European Parliament, Regulation (EU) 2021/523 of the European Parliament and of the Council of 24 March 2021 establishing the InvestEU Programme and amending Regulation (EU) 2015/1017.

59. European Parliament, Regulation (EU) 2020/493 of the European Parliament and of the Council of 30 March 2020 on the False and Authentic Documents Online (FADO) system and repealing Council Joint Action 98/700/JHA.

60. European Parliament, Regulation (EU) 2019/1896 of the European Parliament and of the Council of 13 November 2019 on the European Border and Coast Guard and repealing Regulations (EU) No 1052/2013 and (EU) 2016/1624.

61. European Parliament, Regulation (EU) 2019/1157 of the European Parliament and of the Council of 20 June 2019 on strengthening the security of identity cards of Union citizens and of residence documents issued to Union citizens and their family members exercising their right of free movement.

62. European Parliament, Regulation (EU) 2019/816 of the European

Parliament and of the Council of 17 April 2019 establishing a centralised system for the identification of Member States holding conviction information on third – country nationals and stateless persons (ECRIS – TCN) to supplement the European Criminal Records Information System and amending Regulation (EU) 2018/1726.

63. George, T. (2014). The next big cybercrime vector: Social media. Security Week. Retrieved from https://www.securityweek.com/next – big – cybercrime – vector – social – media.

64. Gilmore, J. M. (2016). Director, Operational Test and Evaluation FY 2015 Annual Report – Cybersecurity. United States Department of Defense. Retrieved from http://www.dote.osd.mil/pub/reports/FY2015/pdf/other/2015cybersecurity.pdf.

65. Goodfellow, I., Bengio, Y., & Courville, A. (2016). Deep Learning. MIT press.

66. Guetzkow, H., & Jensen, L. (1966). Research activities on simulated international processes. Background, 9 (4), 261 – 274.

67. Hartley, D. S. (2001). Topics in Operations Research: Predicting Combat Effects. Linthicum, MD, USA: Institute for Operations Research and the Management Sciences. Military Applications Society.

68. Hause, M. (2010). Model – Based System of Systems Engineering with UPDM. Paper presented at the INCOSE International Symposium. Academic Press.

69. Hill, R. R., Champagne, L. E., & Price, J. C. (2004). Using agent – based simulation and game theory to examine the WWII Bay of Biscay

U - boat campaign. The Journal of Defense Modeling andSimulation: Applications, Methodology, Technology, 1 (2), 99 - 109.

70. Hopkins, L. (2006). Information Superiority: A Popular Misnomer. Paper presented at the Information Warfare and Security Conference. Academic Press.

71. Hochreiter, S. , & Schmidhuber, J. (1997). Long short - term memory. Neural Computation, 9 (8), 1735 - 1780. doi: 10. 1162/neco. 1997. 9. 8. 1735 PMID: 9377276.

72. Hua, T. , Lu, C. T. , Ramakrishnan, N. , Chen, F. , Arredondo, J. , Mares, D. , & Summers, K. (2013). AnalyzingCivil Unrest through Social Media. Computer, 46 (12), 80 - 84.

73. Hutchins, E. M. , Cloppert, M. J. , & Amin, R. M. (2011). Intelligence - driven computer network defense informed by analysis of adversary campaigns and intrusion kill chains. Leading Issues in Information Warfare & Security Research, 1, 80.

74. Imamverdiyev, Y. N. , & Abdullayeva, F. J. (2018). Deep learning method for denial of service attackdetection based on restricted Boltzmann machine. Big Data, 6 (2), 159 - 169. doi: 10. 1089/big. 2018. 0023 .

75. Jabbour, K. , & Muccio, S. (2011). The science of mission assurance. Journal of Strategic Security, 4 (2), 61 - 74.

76. Jakobson, G. (2011). Extending situation modeling with inference of plausible future cyber situations. Paper presented at the IEEE 2011 First International MultiDisciplinary Conference on Cognitive Methods in Situation Awareness and Decision Support (CogSIMA). IEEE Press.

77. Jiang, L., Yu, M., Zhou, M., Liu, X., & Zhao, T. (2011). Target – dependent twitter sentiment classification. InProceedings of the 49th annual meeting of the association for computational linguistics: Human language technologies (Vol. 1, pp. 151 – 160).

78. Jr, A. M., & Menendez, D. (2002). Cyber forensics: a field manual for collecting, examining, and preserving evidence of computer crimes (2nd ed.). CRC Press.

79. Kass, R. A. (2006). The logic of warfighting experiments. Assistant Secretary of Defense.

80. Kaur, P., Kumar, M., & Bhandari, A. (2017). A review of detection approaches for distributed denial of serviceattacks. Systems Science & Control Engineering, 5 (1), 301 – 320.

81. Khandpur, R. P., Ji, T., Jan, S., Wang, G., Lu, C. T., & Ramakrishnan, N. (2017). Crowdsourcing cybersecurity: Cyber attack detection using social media. In Proceedings of the 2017 ACM on Conference on Information and Knowledge Management (pp. 1049 – 1057). New York, NY: ACM.

82. Klyne, G., & Carroll, J. J. (2006). Resource description framework (RDF): Concepts and abstract syntax.

83. Kumar, S., & Carley, K. M. (2016a). Approaches to understanding the motivations behind cyber attacks. InProceedings of the IEEE Conference on Intelligence and Security Informatics (pp. 307 – 309).

84. Kumar, S., & Carley, K. M. (2016b). Understanding DDoS cyber – attacks using social media analytics. InProceedings of the IEEE Confer-

ence on Intelligence and Security Informatics (pp. 231 -236).

85. Lippmann, R. P. , Weller - Fahy, D. J. , Mensch, A. C. , Campbell, W. M. , Campbell, J. P. , Streilein, W. W. , &Carter, K. M. (2017). Toward finding malicious cyber discussions in social media. In The AAAI - 17 workshopon artificial intelligence for cyber security (pp. 203 -209).

86. Liu, B. , & Zhang, L. (2012). A survey of opinion mining and sentiment analysis. In Mining text data (pp. 415 -463). Springer.

87. Longueville, B. D. , Smith, R. S. , & Luraschi, G. (2009). Omg, from here, I can see the flames!: Ause case of mining location based social networks to acquire spatio - temporal data on forest fires. In Proceedings of the International Workshop on Location based Social Networks (pp. 73 - 80).

88. Matthews, T. (2014). Incapsula survey: What DDoS attacks really cost businesses. Incapsula Inc.

89. Mezzour, G. (2015). Assessing the global cyber and biological threat [Ph. D. dissertation] .

90. Mirkovic, J. , & Reiher, P. (2004). A taxonomy of DDoS attack and DDoS defense mechanisms. Computer Communication Review, 34 (2), 39 -53.

91. Mittal, S. , Das, P. K. , Mulwad, V. , Joshi, A. , & Finin, T. (2016). CyberTwitter: Using Twitter to generate alertsfor cybersecurity threats and vulnerabilities. In Proceedings of the IEEE/ACM ınternational conference on advances in social networks analysis and mining (pp. 860 - 867).

92. Oh, O. , Agrawal, M. , & Rao, H. R. (2011). Information control and terrorism: Tracking the mumbaiterrorist attack through Twitter. Information Systems Frontiers, 13 (1), 33 –43.

93. Ritter, A. , Wright, E. , Casey, W. , & Mitchell, T. (2015). Weakly supervised extraction of computer securityevents from Twitter. In Proceedings of the 24th international conference on World Wide Web (pp. 896 –905).

94. Sakaki, T. , Okazaki, M. , & Matsuo, Y. (2010). Earthquake shakes twitter users: real – time event detectionby social sensors. In Proceedings ofthe 19th international conference on World Wide Web (pp. 851 –860).

95. Sapienza, A. , Bessi, A. , Damodaran, S. , Shakarian, P. , Lerman, K. , & Ferrara, E. (2017). Early warnings of cyberthreats in online discussions. In Proceedings of the IEEE international Conference on Data Mining Workshops (pp. 667 –674).

96. Shackelford, S. (2009). From nuclear war to net war: Analogizing cyber attacks in international law. Berkeley Journal of International Law, 25 (3), 191 –251.

97. Suarez, A. H. , Perez, G. S. , Medina, K. T. , Hernandez, V. M. , Meana, H. P. , Mercado, J. O. , & Sanchez, V. (2018). Social sentiment sensor in Twitter for predicting cyber – attacks using ℓ1 regularization. Sensors (Basel), 18 (5), 1 –17.

98. Taboada, M. , Brooke, J. , Tofiloski, M. , Voll, K. , & Stede, M. (2011). Lexicon – Based Methods for SentimentAnalysis. Computational Linguistics, 37 (2), 267 –307.

99. Vieweg, S. , Hughes, A. L. , Sta rbi rd, K. , & Palen, L.

(2010). Mic roblogging du ring two natural hazards events: What Twitter may contribute to situational awareness. In Proceedings of the SIGCHI Conference on Human Factors in Computing Systems ( pp. 1079 – 1088).

100. Wang, Z. , & Zhang, Y. (2017). DDoS event forecasting using Twitter data. In Proceedings of the 26th international joint conference on artificial intelligence (pp. 4151 – 4157).

101. Yoo, S. Y. , Song, J. , & Jeong, O. (2018). Social media contents based sentiment analysis and prediction system. Expert Systems with Applications, 105, 102 – 111.